조인트십
JOINTSHIP
함께하는 힘

조인트십

JOINTSHIP

김서한

함께하는 힘

사업을 성공으로 이끄는 협업의 기술

If you want to go fast, go alone

If you want to go far, go together

파지트

**혼자 가면 빨리 가지만,
함께 가면 멀리 간다**

|차례|

혼자 다 하려고 하지 마라

왜 조인트십인가?

비즈니스 세계에서 성공을 거두기 위해서는 단순한 동업 이상의 관계가 필요합니다. 조인트십은 바로 그런 관계를 제공합니다. 직원을 두지 않고도 대표들끼리 협력하여 사업을 운영할수 있는 혁신적인 모델인 조인트십은, 비용을 절감하면서도 높은 효율성을 추구할 수 있는 방법입니다. 하지만 왜 조인트십이어야 할까요?

첫째, 조인트십은 서로의 비전을 공유하는 강력한 협력 모델입니다. 단순히 이익을 나누는 것이 아니라, 공동의 목표를 위해 함께 성장할 기회를 제공합니다. 당신이 꿈꾸는 비즈니스의모습은 무엇인가요? 그 꿈을 실현하는 데 필요한 동반자는 누구인지 생각해 보세요. 조인트십은 그 동반자와의 깊은 신뢰를 바탕으로 형성됩니다.

둘째, 조인트십은 실패를 두려워하지 않는 관계입니다. 전통

적인 비즈니스에서는 실패가 개인의 낙오를 의미하지만, 조인
트십에서는 실패를 함께 극복하는 경험으로 삼습니다. 이는 각
자의 잠재력을 최대한 발휘할 기회를 제공합니다. 당신의 동업
자가 실패를 두려워하지 않는다면, 그와 함께 더 큰 도전을 할
수 있습니다.

셋째, 조인트십은 효율성과 유연성을 극대화합니다. 고정비
를 줄이고, 필요한 인력을 프리랜서와 같은 방식으로 활용함으
로써 자원 낭비를 최소화할 수 있습니다. 이는 빠르게 변화하는
시장에서 경쟁력을 유지하는 데 필수적입니다. 당신의 비즈니
스는 얼마나 유연하게 대응하고 있나요?

마지막으로, **조인트십은 지속 가능한 성장을 가능하게 합니
다.** 단기적인 이익을 넘어 장기적인 비전을 가지고 함께 나아갈
때 진정한 성공을 이룰 수 있습니다. 당신의 비즈니스는 단순히
오늘의 수익을 목표로 하고 있나요, 아니면 미래를 바라보고 있
나요?

조인트십은 단순한 동업을 넘어, 서로의 비전을 공유하고 실
패를 인정하며 함께 성장하는 관계를 의미합니다. 이는 개인
의 잠재력을 최대한 발휘할 기회를 제공합니다. 당신의 동업은
무엇을 목표로 하고 있나요? 그 목표가 서로 일치하는지 점검

해 보시기 바랍니다. 조인트십은 성공적인 협력을 위한 열쇠입니다.

이 책에서는 그 과정에서 얻은 실질적인 경험과 사례를 독자 여러분과 나누고자 합니다. 제가 겪은 경험과 함께, 직원 없이도 협업을 통해 성공적인 사업을 운영할 수 있는 다양한 방법을 소개하고자 합니다. 이 과정에서 얻은 실질적인 노하우와 사례들은 사업을 더욱 효율적으로 운영하는 데 큰 도움이 될 것입니다. 더불어, 조인트십의 기술을 통해 개인의 잠재력을 최대한 발휘해 나가길 바랍니다.

● 사업은 이기는 게임이 아니라 버티는 게임입니다. 바로 모든 것이 내 맘 같지 않은 시기, 성과가 없지만 앞으로 나아가는 시기, 주변 사람들이 떠나가는 시기를 버티는 게임입니다. 이때 기분은 마치 온 우주가 나의 그릇을 시험하는 듯한 느낌입니다. 혼자였다면 무너졌을 것입니다. 그런데도 나를 진심으로 믿어주는 단 1명의 사람이 존재했기에 나는 버틸 수 있었습니다. 나에게는 그게 바로 김서한 대표님입니다. 시련의 순간에 잘 버티고 싶은가요? 그럼 무슨 수를 쓰더라도 김서한 대표님을 멘토로 삼기를 바랍니다.

마찬옥, 긱어스 대표

● 단순히 사업으로 월 천 월 억을 벌 수 있게 방법을 연구하고 알려주는 분이 아닙니다. 사업 잘하는 법에 대한 강의나 컨설팅은 수없이 많습니다. 하지만 인간 본연의 내면의 뿌리까지 접근하여 근원적으로 사업을 잘하게 되는 법을 다루는 사람은 우리나라에서 김서한 대표님이 유일합니다. 서한 대표님을 뵙지 못했다면 5~10년은 더 허우적대며 갈피를 못 잡았을 겁니다. 사업을 아예 포기했을지도 몰라요. 이 책은 서한 대표님의 정수입니다. 사업을 막 시작한 사람, 몇 년을 해본 사람 등 사업에 발을 들이고 있는 사람이라면 필독서입니다.

박선오, 두위드포 대표

● 조인트십은 '신뢰'에서 비롯됩니다. 서로의 신뢰는 신념과 사명을 공유하는 데에서 옵니다. 사명을 찾아 헤매고 다녔습니다. 막상 사명을 찾고 나니 정말 내 사명 맞아? 하는 자기의심이 계속 들더군요. 그럴 때마다

서한 대표님과 다시 사명과 신념을 확인하기 위한 다양한 행동을 했습니다. 결국, 성과로 이어졌고 자기효능감을 느끼게 되었습니다. 이 책에는 조인트십을 하기 위한 마인드와 기술이 담겨져 있습니다. 사업을 시작하고, 진행하고, 어려움을 겪고 계신 모든 사업가분들에게 추천합니다.

신우리, 해냄프로젝트 대표

●— 사업의 성패를 좌우하는 가장 파괴적인 요소이자 모든 대표들이 늘 골머리를 앓는 그것이 '협업 관계'입니다. 서한 대표님은 이 문제에 대한 수많은 시행착오의 경험을 통해 후배 사업자들에게 협업과 인력 관리에 대한 풍부한 인사이트를 제공해 줍니다. 0에서 1을 만들어내는 데 성공한 사업가라면 1에서 10을 만들기 전 반드시 읽어야 할 책으로 추천해 드리고 싶습니다.

최원경, 애드베라 대표

●— 서한 대표님과 협업을 한다는 것은 저에게 축복이었습니다. 삼성전자에서 직장생활만 14년 한 저는 제가 아는 돈을 버는 방법은 노동 소득밖에 없었고, 서한 대표님과 가까이 지내며 돈은 저렇게 버는구나라는 것을 보며 많이 놀랐던 기억이 있습니다. 돈에 대한 아이디어가 넘치고 바로바로 실행하며 본인의 신념대로 사시는 모습을 보고 많이 배웠습니다. 독자분들이 책을 읽고 사업을 한다면 '꼭 직원을 고용하지 않고도 할 수 있구나' 하고 느끼셨으면 합니다.

류예주, 비욘드바이 대표

조인트십

1장

조인트십의 기본 핵심

결혼보다는 어렵다는 동업, 신중함이 핵심이다

한국에서 성공하는 사람들을 보면 질투하거나 끌어내리려는 경향이 유독 강합니다. 왜 협업과 동업에서 갈등이 끊이지 않는 걸까요? 수십 번의 동업과 협업을 시도하며 실패를 반복했던 저는, 7년간 약 4천 명을 코칭하면서 이 문제의 근본 원인을 탐구해 왔습니다. 그 과정에서 얻은 깨달음을 이 글을 통해 나누고자 합니다.

2017년부터 사업을 시작해 동업 사기, 협업 사기, 대행사 사기 등 다양한 형태의 갈등을 경험했습니다. 심지어 경쟁자가 식약처에 신고하거나, 수강생이나 직원에게 뒤통수를 맞는 상황까지 겪었습니다. 그런 고난 속에서 시행착오를 통해 중요한 교훈을 얻을 수 있었습니다.

|1| 동서양의 문화 차이: 한국과 미국

동업과 협업에서 발생하는 갈등의 큰 원인 중 하나는 동서양의 문화적 차이를 이해하지 못하는 데 있습니다. 미국과 한국의 가치관은 협업에서도 극명하게 다릅니다. 예를 들어, 미국에서는 건강 > 대인관계 > 경제력의 순서로 행복을 느끼지만, 한국에서는 경제력이 최우선 과제가 됩니다. 이는 한국 사회가 표면적인 경제적 성공에 지나치게 집착하고, 개인의 건강이나 인간관계와 같은 본질을 소홀히 하기 때문입니다.

또한, 한국의 학벌 중심 사회와 초고도 성장의 유산은 극단적인 경쟁 의식을 불러왔습니다. 이런 환경에서 사업은 '얼마나 벌었느냐?'라는 기준으로 비교되며, 신뢰 기반의 관계 형성을 어렵게 만듭니다. 저는 "당신은 얼마나 성공했나요?"가 아닌 "당신은 얼마나 실패했나요?"라고 묻고 싶습니다. 실패를 받아들이고, 그것을 통해 성장하는 문화를 만들어야만 동업과 협업에서 갈등을 줄이고 진정한 협력을 끌어낼 수 있습니다.

사례 한 스타트업에서 두 대표가 서로의 비전이 잘 맞아 보였지만, 시간이 지나면서 한 대표가 단기적인 이익을 추구하게 되었습니다. 결국, 신뢰가 무너지고 사업은 실패로 끝났습니다. 이는 동서양의 문화적 차이를 이해하지 못해 발생한 갈등을 잘 보여줍니다.

| 2 | 사업의 조인트(동업)는 결혼보다 어렵다.

동업은 결혼보다 어렵습니다. 결혼은 법적 및 사회적 관습의

보호를 받지만, 동업은 그렇지 않기 때문입니다. 철학자 사르트르는 결혼을 자유로운 선택과 책임의 조화라고 보았습니다. 이 철학은 동업에서도 그대로 적용됩니다. 동업의 계약서는 단순한 법적 문서가 아니라, 신뢰를 문서로 만든 상징입니다.

> **계약서**: 객관적인 기준을 제시하고 갈등을 예방하는 역할을 합니다.
>
> **신뢰**: 계약서가 포함하지 못한 영역에서 관계를 유지하고 발전시키는 핵심입니다.

계약은 신뢰를 보완하는 도구일 뿐, 대체할 수는 없습니다. 동업 관계에서는 계약서와 신뢰가 절묘하게 조화를 이뤄야 합니다.

> **사례**   A와 B는 동업 계약을 체결하고 사업을 시작했지만, 초기 계약서에 명확한 기준이 없었습니다. 사업이 성장하면서 갈등이 발생했고, 계약서의 부재로 인해 신뢰가 무너졌습니다. 이 사례는 계약서가 신뢰를 보완하는 도구임을 잘 보여줍니다.

|3| 원칙 없는 타협은 결국 파멸을 부른다.

인간은 이기적입니다. 동업과 협업에서 성공하려면, 이 이기심과 이타심을 어떻게 조율할지에 대한 원칙이 필요합니다. 레이 달리오의 〈원칙〉은 제가 사업에서 가장 자주 참고하는 바이블 같은 책입니다. 원칙은 순간의 감정이나 상황에 흔들리지 않는 기준을 제공합니다. 특히, 타협하지 말아야 할 핵심 원칙은 다음과 같습니다.

찝찝함을 넘기지 말라: 초기의 작은 불편함이 쌓이면 나중에는 큰 손실로 이어질 수 있습니다.

신념과 사명을 공유하라: 동업이나 협업에서 목표가 일치하지 않는다면, 그 관계는 반드시 실패로 끝납니다.

저 역시 신념과 사명이 일치하지 않는 동업자와 협업하여 큰 손해를 본 경험이 있습니다. 그 이후로는 '찝찝한' 순간이 있다면 반드시 멈추고, 다시 검토하며 원칙을 따르기로 했습니다. 동업과 협업은 단순히 이익을 나누는 관계가 아닙니다. 서로의 신념과 사명을 깊이 이해하고, 원칙을 공유하며, 계약서로 신뢰를 보완해야 비로소 지속 가능한 협력이 가능합니다.

A씨는 한 스타트업에서 B씨와 함께 동업을 시작했습니다. 초기에는 서로의 비전이 잘 맞아 보였고, 사업도 순조롭게 진행되었습니다. 그러나 시간이 지나면서 B씨가 수익을 극대화하기 위해 단기적인 이익을 추구하는 방향으로 사업을 이끌자, A씨는 우려했습니다. 하지만 B씨는 이를 무시하고 계속 진행했습니다. A씨는 불만이 쌓였고, 두 사람의 신뢰는 무너졌습니다. 결국, 그들은 계약서에 명시된 조건을 두고 갈등을 겪게 되었고, 사업은 실패로 끝났습니다. 이 사례는 신념과 사명이 일치하지 않을 때 발생할 수 있는 갈등을 잘 보여줍니다.

동업과 협업은 단순히 이익을 나누는 관계가 아닙니다. 서로의 신념과 사명을 깊이 이해하고, 원칙을 공유하며, 계약서로 신뢰를 보완해야 비로소 지속 가능한 협력이 가능합니다. 한국 사회의 물질만능주의와 경쟁 중심 문화에서 벗어나 진정한 신뢰와 사명의 공명을 찾으십시오. 그것이야말로 성공적인 협업과 동업의 열쇠입니다.

비즈니스는 관계의 예술이다

~~~~~~~~~~

"내가 잘나기만 하면 되는 것 아닌가?"라고 생각할 수 있습니다. 이 생각은 비즈니스의 본질을 간과한 것입니다. 당신의 상대는 사람이고, 당신에게 돈을 지급하는 주체도 사람입니다. 사람은 감정이 있으며, 각기 다른 배경과 다양성을 지니고 있습니다.

고객은 단순히 제품이나 서비스를 구매하는 것이 아닙니다. 사이트의 문구, 메일의 어조, 그리고 판매자의 태도에서 느껴지는 감정과 신뢰에 따라 행동합니다. 실제로, 사이트의 문구가 불편하거나 메일 내용이 고압적이라는 이유로 구매를 포기하는 사례가 적지 않습니다. 결국, 타인에게 호감을 얻고 관계를 형성하는 능력이 비즈니스 성공의 열쇠가 됩니다.

|1| 비즈니스 관계의 외부와 내부

비즈니스에서 커뮤니케이션과 관계는 두 가지 주요 영역으로 나뉩니다.

① **외부 관계**: 고객과의 접점(대표-서비스-고객, 상품-고객, 메일

잡지-예상 고객 등).

② **내부 관계**: 비즈니스에 이바지하는 파트너와의 관계(영상편집자, 웹디자이너, 라이터 등).

이 두 관계가 모두 원활하지 않다면, 비즈니스는 지속적인 어려움을 겪을 수밖에 없습니다. 반면, 내부 관계를 탄탄히 다지면 비즈니스는 제이커브를 그리며 성장합니다.

| 2 | 이메일과 온라인 소통의 한계

이메일, 메시지 등 간접적인 소통 방식은 한계가 있습니다. 상대방의 감정을 정확히 읽기 어렵고, 오해가 생기기 쉽습니다. 진정으로 상대와 신뢰를 쌓고 마음을 교류하려면 직접 대면하고 자주 만나는 것이 중요합니다. "비즈니스는 결국 사람 대 사람의 관계"라는 점을 항상 기억해야 합니다.

| 3 | 실패에서 배우는 관계의 중요성

사례 1 사내 파트너 직원의 퇴사

문제/ 초기부터 직원의 비전과 사명이 흐릿했음에도 팀에 합류시켰습니다. 결국, 직원이 자신의 방향성과 맞지 않는다는 이유로 퇴사하며 대행사업 철수로 이어졌습니다.

교훈/ 팀원은 반드시 비전과 꿈이 완벽히 일치하는 사람이어야 합니다. 같은 방향을 보며 같은 목표를 추구하지 않는다면, 초기부터 과감히 관계를 정리하는 것이 필요합니다.

사례 2 동업에서의 지분율 문제

문제/ 법인 사업 구조를 설계할 때 동업자의 지분율 문제로 갈등이 발생했습니다. 특히, 창업자의 비전과 신념이 불분명했으며, 일부 동업자는 자신의 이익만을 추구했습니다.

교훈/ 지분은 창업자가 100% 소유하는 것이 가장 이상적입니다. 완벽히 같은 목적과 비전을 가진 사람이 아닌 이상, 지분을 나누지 말아야 합니다. 동업자는 신념, 비전, 사명에서 일치해야만 성공적으로 협력할 수 있습니다.

사례 3 얼라인웍스의 동업 실패

문제/ 세 명이 비즈니스 커뮤니티를 운영하며 2년간 약 1억 원의 수익을 냈지만, 각자의 신념과 사명이 일치하지 않아 결국 헤어지게 되었습니다. 창업자는 자신의 교육 회사와 연관성을 유지하려 했지만, 다른 동업자는 개인적 이익이나 엑싯(exit)에만 초점을 맞췄습니다. 재무적 손해는 물론, 내부 갈등으로 인해 비즈니스가 중단되었습니다.

교훈/ 동업은 결혼보다 어렵습니다. 초기부터 신념과 사명이 완벽히 일치하지 않는다면 갈등은 불가피합니다. 매일 물리적 거리를 좁히고, 지속해서 비전과 목표를 조율해야만 성공적인 협력이 가능합니다.

| 4 | 사람을 움직이는 비결: 자기 효능감을 채워주기

비즈니스에서 성공하려면 상대방의 자기 효능감을 높여주는 것이 중요합니다. 사람은 자신이 한 일로 타인의 감탄과 칭찬을 받을 때 동기부여를 얻습니다. 예를 들어, 한 사내기업가에게 시스템을 만들어달라고 요청했고, 그는 멋진 시스템을 구축했

교육 시스템

대부분의 과정은 영업이나 마케팅과 같은 특정 기술을 가르치는데, 이는 전체를 이해하지 못하는 무지한 기업가를 만들어냅니다. 사업에서 성공하려면 '풀 스팩'을 배워야 합니다.

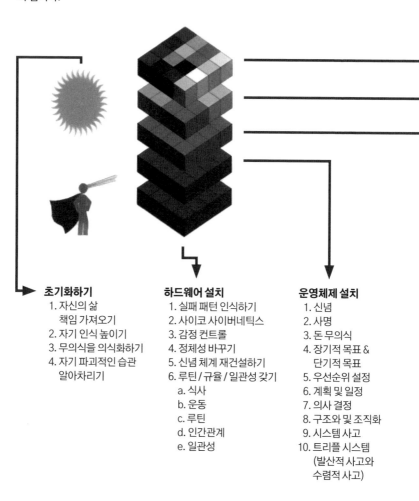

초기화하기
1. 자신의 삶
   책임 가져오기
2. 자기 인식 높이기
3. 무의식을 의식화하기
4. 자기 파괴적인 습관
   알아차리기

하드웨어 설치
1. 실패 패턴 인식하기
2. 사이코 사이버네틱스
3. 감정 컨트롤
4. 정체성 바꾸기
5. 신념 체계 재건설하기
6. 루틴 / 규율 / 일관성 갖기
   a. 식사
   b. 운동
   c. 루틴
   d. 인간관계
   e. 일관성

운영체제 설치
1. 신념
2. 사명
3. 돈 무의식
4. 장기적 목표 &
   단기적 목표
5. 우선순위 설정
6. 계획 및 일정
7. 의사 결정
8. 구조와 및 조직화
9. 시스템 사고
10. 트리플 시스템
    (발산적 사고와
    수렴적 사고)

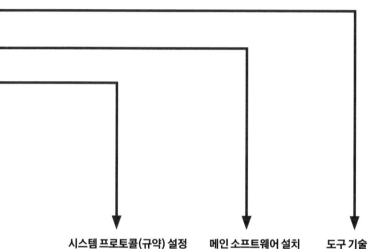

시스템 프로토콜(규약) 설정
• 비즈니스 원칙
   a. 문제 해결
   b. 고객 집착
   c. 집중
   d. 원띵
   e. 가치 > 명성
   f. 현금 흐름
   g. 장기적 사고
   h. 높은 기준
   i. 돈에 대한 원칙
      i. 절약
      ii. 판매
      iii. 소비

메인 소프트웨어 설치
• 사명 전략화
• 문제 파악
• 트리플 시스템
• 마케팅
• 랜딩페이지
• 퍼널
• 운영
• 제안
• 세일즈
• 시스템 & 자동화

도구 기술 설치
• 콘텐츠 제작
• SNS 광고
• 글쓰기
• 카피라이팅
• 도구 기술 활용
• 자동화 기술

The 스크립트

꿈의 고객
- 본질을 추구한다.
- 진정성을 추구한다.
- 뼈때리는 말을 좋아한다.
- 일관성 있는 부분을 좋아한다.
- 교육 시스템에 대한 불만.
- 자본주의적 사고(돈)에 대한 분노.
- 폴리메스 성향의 사람들.
- 기본의 사회 틀에 갇히는 것에 싫은 것.
- 세상에 나를 믿어주는 사람이 있으면 좋겠다...!
- 명성을 활용해서 풍요를 추구하는 사람들.

본질에 대한 갈증을 느낀다.

1~2시간 진단 컨설팅을 받는다. ← **세일즈 전화를 받는다.**

시나리오 1: "나는 이 사람이랑 해야겠다"
라는 느낌을 받는다.

시나리오 2: "나 이사람이랑 하면 안 되겠
다"라는 느낌을 받는다.

시나리오 1: "1:1 진달 컨설팅에 신청한다."

시나리오 2: "자료를 읽어보지도 않았다.
그냥 무료 자료가 받고 싶어서 신청한다(테
이커 필터링)."

꿈의 고객은 1,500만 원을 결제한다. → **1:1 코칭을 받는다.**

"이 사람을 진심으로 믿어봐야겠다"라는
생각을 한다.

개인사를 서로 나누다 보니 가족을 넘어 서
는 신뢰가 형성된다.

최종 지점

**누군가가 질문을 듣는다.
"사업을 하고 싶은데, 어떻게 해야 해?"** ← **코칭 1년차 - 매달 1,000만 원 버는
사람 50% 이상**

"진지하게 사업하고 싶으면, 에이그라운드
로 가."

"여기 아니면 과연 내가 지속 가능하고 행
복하게 사업할 수 있었을까"라는 생각을 한
다. - 자발성 상태

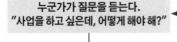

뭔가 새로운 걸 찾아서 학습한다. ➡️ **본질을 이야기하는 김서한을 만난다.**

자청 / 포리얼 / 부읽남 / 하와이 대저택 등을 보면서 동기부여를 얻지만 여전히 해결되지 않는 무언가가 있음

본질적인 이야기를 계속하는 김서한에 이끌린다.

⬇️

책과 자료를 읽어본다. ⬅️ **책 퍼널에 들어온다.**

시나리오 1: "이게 내가 찾던 거구나"라는 것을 발견한다.

시나리오 2: "모든 자료를 읽어봤지만, 무슨 말인지 이해하지 못한다."(가치관에 맞지 않는 사람 필터링)

시나리오 1: "와, 이걸 전부 무료로 준다고?"라는 생각을 하게 한다.

시나리오 2: "오, 좋네. 근데 시간이 없으니까 다음에 봐야지"(간절함이 없는 사람 필터링)

1개월차 – 부정적인 무의식적 패턴을 해결한다. ➡️ **교육 2개월차**

이것만으로도 강의비는 뽑았다.

너무 힘들지만, 이 김서한이랑 계속 하면 될 것 같다.

⬇️

코칭 6개월 – 1,500만 원을 회수한다. ⬅️ **3개월 교육을 받는다.**

"강의비를 뽑뽑았다. 몇 개월만 더 하면 이거 된다"라는 확신을 얻는다.

드디어 사업을 넘어서 인생의 방향성을 잡았다. 이대로 살면 될 것 같다.

습니다. 이를 보고 저는 진심으로 감탄하며 칭찬과 신뢰를 아끼지 않았습니다. 이러한 신뢰와 인정이 파트너의 동기부여를 강화하고 비즈니스 성과로 연결된 경험이 있습니다.

위의 시스템을 제가 말한 것만으로도 구현된 것을 보고, 사람들이 어떻게 그런 시스템을 만들 수 있었냐며 진심으로 놀라워하며 감탄했습니다. 저 역시 호기심과 감탄의 눈빛으로 바라보았고, 솔직히 말해서 마치 소울 메이트를 만난 듯한 기쁨을 느꼈습니다.

그 이후로 이 대표는 일에 대한 의욕이 한층 더 솟구쳤습니다. 누구에게나 인정 욕구는 존재합니다. 다른 사람에게 인정을 받으면, 내가 중요한 사람이 된 듯한 느낌이 들면서 기분이 좋아집니다. 우리는 함께 사업을 하며 반드시 성공할 것이라는 확신으로 가득 찼고, 서로의 부족한 점을 채워주는 관계가 되었습니다. 실제로 우리는 서로에게 아무런 기대나 요구 없이, 오히려 서로 경쟁하듯 각자의 능력을 발휘하며 상대를 보완하기 시작했습니다. 이 과정에서 서로가 가진 잠재력은 더욱 빛을 발했습니다.

| 5 | 인간관계의 본질을 이해하라

① 비즈니스는 사람 간의 관계로 이루어집니다. 고객, 파트
너, 직원 등 관계의 모든 접점에서 신뢰를 구축하고 상대
의 감정을 이해해야 합니다.
② 내부 관계와 외부 관계를 균형 있게 유지할 때 비즈니스는
지속 가능성을 확보합니다.
③ 초기부터 비전, 사명, 신념이 일치하지 않는 관계는 과감
히 정리하십시오.
④ 상대의 자기 효능감을 높이고, 함께 성장할 수 있는 기반
을 만드십시오.

이 모든 과정을 통해 비즈니스는 단순한 거래를 넘어, 사람과
사람 간의 신뢰를 기반으로 하는 성공적인 여정을 걸어갈 것입
니다.

감정을 다스리는 자가 비즈니스를 지배한다

맥스웰 몰츠의 〈사이코 사이버네틱스 2000〉은 우리의 감정이 삶의 모든 영역에서 얼마나 큰 영향을 미치는지를 강조합니다. 특히 비즈니스 세계에서 감정 컨트롤은 성공의 핵심 열쇠입니다. 비즈니스의 성공은 작은 의사 결정이 쌓여 큰 결정을 얼마나 효과적으로 내릴 수 있는가에 달려 있습니다. 하지만 좋은 의사 결정을 하기 위해서는 무엇보다도 자신의 감정을 제대로 이해하고 제어할 수 있는 능력이 필수적입니다.

〈사이코 사이버네틱스 2000〉에서는 감정이 올라올 때 이를 즉시 인지하고 대처하는 것이 중요하다고 말합니다. 특히, 7가지 주요 감정을 통제하는 능력만 길러도 의사 결정 능력을 극대화할 수 있습니다. 아래는 이를 실천하는 구체적인 방법과 각 감정에 대한 예시입니다.

|1| 두려움

두려움은 우리가 직면하는 가장 일반적인 감정 중 하나입니다. 비즈니스 상황에서 두려움이 올라올 때는 행동해야 할 때임을 깨달아야 합니다. 두려움은 멈추라는 신호가 아니라, 앞으로 나아가라는 신호입니다.

> **사례** 한 스타트업 CEO가 새로운 제품을 출시하기 전에 두려움을 느꼈습니다. 시장의 반응이 좋지 않을까 걱정했던 그는 이를 기회로 삼아 팀원들과 함께 철저한 시장 조사를 진행했습니다. 그 결과, 고객의 필요를 반영한 제품을 출시하여 성공적인 결과를 얻었습니다.

|2| 비교 의식

비교 의식은 다른 사람과 자신을 비교하며 느끼는 감정입니다. 다른 사람과 비교하는 마음이 들 때는 자신의 사명을 천 번 되뇌어야 합니다. 나만의 길이 곧 답입니다.

> **사례** 한 마케팅 전문가가 자신의 성과를 동료와 비교하며 불안해졌습니다. 하지만 그는 자신의 사명과 목표를 다시 상기하며, 자신만의 전략을 세우기 시작했습니다. 그 결과, 독창적인 캠페인을 통해 고객의 주목을 받게 되었습니다.

|3| 조급증

조급함에 사로잡힐 때 역시 사명을 되뇌어야 합니다. 중요한 것은 속도가 아니라 방향입니다.

| 사례 | 한 사업가가 투자 유치를 위해 급하게 프레젠테이션을 준비했습니다. 하지만 조급함 때문에 내용이 부실해졌고, 결과는 좋지 않았습니다. 그는 이후 사명을 되새기고, 차분히 준비하여 다음 발표에서는 성공적으로 투자자들의 마음을 사로잡았습니다.

|4| 자부심

지나친 자부심은 때로 독이 될 수 있습니다. 이때는 스스로를 겸손하게 돌아보며, 자기 비판적 시각을 유지해야 합니다.

| 사례 | 한 기업의 CEO가 자사의 성과에 지나치게 자부심을 느끼고 있었습니다. 그러나 경쟁사의 새로운 기술이 등장하자, 그는 위기의식을 느끼고 팀원들의 의견을 경청하기 시작했습니다. 그 결과, 팀의 협력을 통해 신제품 개

발에 성공했습니다.

|5| 수치심

과거의 자신에게 따뜻하게 위로의 말을 건네는 것도 중요합니다. "그때의 나도 최선을 다했어"라고 말하는 것만으로도 충분합니다.

사례 한 창업자가 과거 실패한 사업에 대해 수치심을 느끼고 있었습니다. 그러나 그는 자신의 실패를 인정하고, 그 경험을 바탕으로 새로운 아이디어를 구상하게 되었습니다. 이 과정에서 그는 자신감을 되찾고 성공적인 사업을 운영하게 되었습니다.

|6| 무감정

아무 감정도 느끼지 못할 때는 과거의 자신을 돌아보며 감정을 다시 불러일으켜야 합니다. 감정은 무기입니다.

사례 한 팀원이 프로젝트 중 과도한 스트레스로 무감정 상태에 빠졌습니다. 그는 이전의 열정과 목표를 회상하며 감정을 되살려, 팀에 긍정적인 영향을 미치기 시작했습니다. 결국, 팀은 더 나은 결과를 끌어냈습니다.

|7| 인정 욕구

누구에게도 인정받을 필요가 없다는 사실을 명확히 해야 합니다. "나는 나를 인정한다. 나는 내 존재만으로 충분하다"라고 스스로 선언해야 합니다.

사례 한 프리랜서가 클라이언트로부터의 피드백에 지나치게 의존하고 있었습니다. 그는 스스로 가치를 인식하고, 자신의 작업에 대한 믿음을 가지게 되었습니다. 이로 인해 그는 더 자신감 있는 태도로 작업에 임하게 되었고, 결과적으로 더 좋은 평가를 받았습니다.

비즈니스는 결국 의사 결정의 연속이며, 그 근간은 감정 조절에 있습니다. 감정을 다스릴 줄 아는 사람만이 진정한 리더가 될 수 있습니다. 감정이 올라올 때마다 이를 인지하고, 적절히 대응하는 연습을 통해 더 나은 결정을 내릴 수 있습니다. 비즈니스 세계에서 성공하기 위해서는 감정의 힘을 이해하고, 효과적으로 활용하는 것이 필수적입니다.

빠른 길을 가고 싶다면 발자취를 읽어라

한 분야에서 실력을 키우고 성공에 이르는 가장 빠른 방법은 이미 그 길에서 성공한 사람의 방식을 따르는 것입니다. 단순한 모방이 아니라, 검증된 성공의 원리를 내 것으로 체화하는 지름길입니다.

저는 약 4억 원에 달하는 교육비를 투자했고, 이를 통해 수많은 결과를 직접 경험했습니다. 그 결과, 지금은 굳이 교육을 받지 않아도 될 정도의 인적 네트워크와 정보 인프라를 갖추게 되었습니다. 이는 단순한 지식의 축적을 넘어, 약 4천여 명의 코칭과 700여 명의 마스터 마인드 리더들과 함께하는 강력한 융합 네트워크로 발전했습니다.

하지만 놀랍게도, 자존심이나 불필요한 고집 때문에 이러한 치트키를 활용하지 않는 사람들이 여전히 많습니다. 선생에게 질문하고 배우는 것을 부끄럽게 여기는 이들은 사실상 큰 기회를 놓치고 있는 셈입니다. 선생님은 장래성이 보이는 학생에게 자연스럽게 마음이 끌리고, 더 많은 것을 가르쳐주고 싶어 하기 마련입니다. 이는 사제 간 신뢰가 쌓일수록 더욱 뚜렷하게 나타납니다. 신뢰 관계는 학습 기간이 끝난 뒤에도 지속적인 도움과 새로운 정보를 제공받을 수 있는 기반이 됩니다.

활용하지 않는 기회, 놓치는 성공의 비결

에이그라운드 마스터는 기간의 제한 없이 자유롭게 미팅이나 코칭을 신청할 수 있는 시스템입니다. 그런데도 이 기회를 충분히 활용하지 않는 사람들이 많습니다. 심지어 제가 먼저 연락해서 "언제 올 예정인가요?"라고 묻기까지 해야 하는 때도 있습니다. 스승에게 자주 질문하고 배우는 것이 염치없다고 생각할 수 있지만, 사실 이는 서로에게 긍정적인 관계를 만듭니다. 제자를 돕는 과정에서 스승은 자신의 능력을 입증할 기회를 얻고, 제자는 성공에 한 발짝 더 다가가게 됩니다.

실행력과 속도가 성공을 만든다

회식이나 쉬는 시간에도, 저는 종종 생생한 정보와 사업 아이디어를 나눕니다. 저는 강의를 듣다가 추천받은 책을 모조리 구매해 읽고, 이를 곧바로 제 사업에 적용합니다. 예를 들어, 최근 추천받은 〈비즈니스 모델의 탄생〉이라는 책을 읽고 정리하며 가르칠 준비를 마쳤습니다. 배운 즉시 실행에 옮기는 이러한 기민한 태도는 상대방에게 깊은 인상을 남깁니다.

사업은 속도전입니다. 특히 초중기 사업자들에게는 실행 속도만으로도 큰 성과를 만들어낼 수 있습니다. 물론 사업이 일정 수준에 도달하면, 그때는 질과 시스템이 중요한 요소로 자리 잡습니다. 그러나 초창기에는 속도가 성패를 좌우하는 핵심입니다.

성공은 결국 배움과 실행의 속도에 달려 있습니다. 오늘 당신은 선생님에게 무엇을 물어보고, 배운 것을 어떻게 실행할 것인가요?

조인트십의 미래는 새로운 협업 모델에서 열린다

우선 저의 이야기를 들려 드리자면 저는 8학군이라고 불리는 대치동에서 중·고등학교 생활을 보냈습니다. 특히 고등학교는 휘문고등학교라는 명문 고등학교를 다니면서 주변의 친구들은 대부분 공부를 잘하는 환경이었습니다.

그런데 저는 거기서 지방 사립대를 갔습니다. 수능 시험장에 갔는데 시험지가 백지로 보이는 경험을 아직도 기억합니다. 그렇다고 공부하지 않았느냐? 그것도 아닙니다. 공부했어요. 표면만 독서실에 앉아 있었죠. 내적 동기도 외적 동기도 없이 그렇게 고등학교 생활을 날려버렸습니다.

학원이라는 학원은 다녀봤고 재수 편입 삼수 심지어 편입해서도 의학전문대학원 입시까지 보고 의약대학 편입까지 그야말로 학벌에 미쳐있는, 그런데 결과는 안 나오는 이상한 사람이었습니다. 결국, 재수 삼수 실패하고 편입으로 우연히 아주대학교에 들어가서도 다시 의약대학 편입을 준비해서 27살까지 루저 인생을 살았습니다.

입대가 빨라서 해병대를 장교로 입대하고, 해병대 장교만 뽑는 대기업 특채에 합격해서 CJ제일제당에 입사하고, 과정은 루저인데 결과는 그럴듯하게 포장이 되어 있었습니다. 이런 과정을 다 겪고 나서 우연히 어머니 누룽지 사업을 도와주려다가 사업에 입문하고 수십 번의 실패를 겪고 나서야 깨달았습니다. 제가 코치하는 사람들은 기본적으로 학벌이 좋은 경우가 많아서 그 학벌이 사업에 전혀 적용되지 않는 것을 보고 더 깨달았죠.

'우리나라의 교육은 정말 잘못됐다. 나는 공부를 전혀 할 줄 모르는데 사업이 된다. 학교 교육에서 대학교에서 심지어 대기업에서 배운 것은 지식이 실재로서 전혀 가동되지 않는다'라는 사실을 말이죠. 가장 많이 배운 곳은 차라리 군대였습니다. 군대에서 배운 한 가지는 어떤 상황이 와도 흔들리지 않는 '인내력'이었습니다.

———

사업은 정확한 방향성과 인내력이 결과를 결정합니다. 그렇지만, 근대 학교 교육은 절대 알려주지 않습니다. 아인슈타인은 모든 사람이 천재성을 가지고 있다고 합니다. 그런데 학교 교육은 모든 사람을 로봇으로 만들고 있습니다. 정해진 루트를 가르치고 자신이 무엇에 가슴에 뛰는지는 전혀 관심이 없고 사지선다형을 찍게 만들고 정답을 설계하고 그것을 따라 하게 만듭니다. 그렇게 만들어놓고 재미있어 합니다.

심지어 대학교를 고발하자면, 대학교는 브랜딩 싸움을 하고 있습니다. SKY라는 브랜드가 중요한 것입니다. 그리고 그 브랜드를 키우고 브랜드 게임을 부추기고 학생들은 그것에 당합니다. 그리고 사교육은 그 브랜드를 이용해서 돈을 버는 이상한 구조이며, 학생은 그 브랜드를 따면 인정해 주고 내면에 내가 무엇을 원하는지가 아니라 그 브랜드를 소유했다는 자부심만 채우게 됩니다. 그 브랜드 명성에 따라 좋은 학생들이 오고 또 좋은 졸업생들이 배출되는 구조입니다. 더 심각하게 이야기하면 에르메스 명품 가방을 사면 자신이 에르메스가 된 것 같은 착각만 일으키는 이상한 구조입니다.

심지어 5~10년 사이에 큰 변화가 올 것입니다. 왜냐하면, 학령 인구 감소, 대학 내외의 경쟁 심화, 인공지능(AI) 등의 발달로 인해 대학 교육과 학위의 가치는 곤두박질칠 것이고 교수나 초등학교 중고등학교 교사들은 이미 판에서 도망가고 있습니다. 초등학교교사 중에 사업가들이 급속도로 많아지는 이유이기도 합니다.

대기업 또한 직원들은 멸망할 것입니다. 이미 제가 CJ제일제당에서 KPI는 자동화가 되었고 모든 것을 로봇이 대체하고 있습니다. 화이트칼라는 더 심한데 영상 제작업, 콘텐츠 사업은 10년 안에 없어질 것이고 AI가 다 만들어낼 것입니다.

지금 제가 책을 내고 있지만, 출판업까지도 없어질 것입니다. 이제 지식을 찾는 시대가 챗GPT 및 수백 가지의 AI 도구들이 모든 것을 대체하고 있습니다. 상세 페이지 부업도 없어질 것입니다. 제디터라는 AI가 발전하고 있으며, 사업을 기획하는 것도 AI가 월등합니다. 결국, 인류는 AI에게 질문을 잘하는 사람만이 살아남을 것입니다.

그렇다면 결론적으로 새로운 방식의 교육이 필요할 것이며, 대학교를 대체하는 대안 교육이 필요하다는 결론에 이르게 됩니다. 우리는 새로운 방식의 교육이 필요한데 대중은 아직도 인지를 못 하고 있습니다. 핵심 역량은 총 4가지입니다.

미래 인재의 핵심 역량 4가지

1) 순수성

우리는 오랜 입시 교육 속에서 '정답 찾기'에만 익숙해졌습니다. 하지만 이제 시대가 달라졌습니다. 기업은 정답을 찾는 사람이 아니라 '질문할 수 있는 사람'을 원합니다. "똑똑함은 어떤 답을 하는지 보면 알 수 있지만, 지혜는 어떤 질문을 하는지 보면 알 수 있다." 제가 강의에 질문 세션을 도입한 이유도 여기에 있습니다. 가장 낮은 단계는 '무엇(What)'을 묻는 말입니다. 더 나아가 '어떻게(How)', 그리고 최상위 질문은 '왜(Why)'입니다. 이 '왜'라는 질문을 던질 때 비로소 생각은 깊어지고, 문제의 본질에 도달하게 됩니다.

2) 협업 능력

혼자서 해낼 수 있는 일은 이제 없습니다. 기술과 정책, 법률과 규제 등 각기 다른 배경을 가진 이들과 협업하며 성과를 내는 능력이 핵심 역량이 될 것입니다. 나아가 인간과 AI, 두 존재가 함께 일하는 시대가 도래할 것입니다. 진정한 리더는 이러한 협업을 주도하고, 기술과 인간을 잇는 가교 구실을 해야 합니다.

3) 공헌

지식은 개인의 성공에만 머물러서는 안 됩니다. 우리가 키운 인재들은 반드시 사회에 이바지하고, 더 나은 세상을 만들어가야 합니다.

4) AI(인공지능)

메타버스처럼 사라질 유행이 아닙니다. AI는 이미 우리의 현실이고, AI를 사업에 접목하는 것은 선택이 아닌 필수입니다.

이 네 가지 기술을 바탕으로, 에이그라운드의 모든 교육의 커리큘럼과 프로젝트는 이미 변화하고 있습니다.

① **개인 스탠퍼드 챌린지**: 아무런 배움 없이 행동만으로 돈을 벌게 하는 챌린지
② **팀 스탠퍼드 챌린지**: 한가지의 목표를 세팅하고 팀원들이 모두 신념과 사명 원칙을 정하고 공동의 목표를 달성해가는 챌린지

③ **몰입커뮤니티**: 신념과 사명이 공명하는 사람들이 모인 종족기
반의 공유 오피스

④ **인간관계, 자본주의 학습, 가계부, 감정 컨트롤** 등등

위의 4가지 전략을 토대로 도구와 기술을 융합시켜서 교육해
야 우리는 살아남을 수 있습니다. 4가지의 역량을 갖춘 대학교
와 대기업만이 살아남을 것이고, 그것은 5년~10년 안에 일어납
니다. 제가 왜 이렇게 사회시스템에 맞지 않았는지는 여기서 답
이 나왔으며, 저의 탄식과 교육을 했던 경험이 융합되어 이 시
장을 타겟하려고 합니다.

말도 안 되지만 에이그라운드는 대학교를 대체할 것입니다.
그리고 모든 사람이 사업이 순수하게 재밌어서 하는 시스템을
구축하고 기업을 들어가고 나오는 것이 프리랜서화되고 그 프
리랜서들이 대표가 되고 대표들이 연합해서 공동의 목표를 사
명 기반으로 설정하고 여러 프로젝트가 융합되어 또 한 가지 프
로젝트가 되는 유기적 기업 공동체 시스템을 만들어 나가고 있
습니다.

그것의 근본에는 사명이 있으며, 더 아래 근본에는 우리가 모
두 3살 때 가졌던, 세상을 의도 없이 순수하게 바라보는 사람들
이 많아지는 것에 있습니다. 또한, 대학교는 이제 브랜딩 싸움

을 지속하는 것을 포기하게 될 것이며, 기득권층은 무너질 것입니다. 대학교 시설과 장비는 개방화될 수밖에 없고, 지역 사회와 기업과 협업 구조를 짜지 않으면 무너질 것입니다. 학과 자체가 의미가 없어지고 융합될 것입니다.

대학교는 이미 위기 의식은 느꼈으나, 빠르게 변화하기가 어려워서 에이그라운드는 대학교의 동아리를 창설하고 연합 동아리를 구축하며, 그 인프라를 통해 30~40세대가 참여하게 하여 세대 통합을 이루고, 이것을 통해 20대부터 나만의 잠재력을 발견하고 사명을 찾고 그 사명을 기반으로 소세계를 창조하는 신개념 교육 체계를 만들어 갈 예정입니다.

조인트십

2장

지속 가능한 조인트십을 위한
8가지 핵심 원칙

같은 곳을 보지 않으면 같은 길을 갈 수 없다

~~~~~~~~~

비즈니스 세계에서 협업은 성공의 필수 요소입니다. 하지만 많은 협업 관계가 실패로 끝나는 것을 보며, 수년간 그 본질적인 원인을 연구해 왔습니다. 협업하면서 단 한 번도 성공하지 못해 단기적 수익에 그치거나, 서로의 목표가 달라서 헤어지는 상황을 경험하게 되었습니다.

수십 번의 협업 경험을 통해 깨달은 것은, 성공적인 협업에는 명확한 법칙이 존재한다는 것입니다. 협업을 진행할 때, 지루하고 변화가 없는 것 같아도 매주 1회 매일매일 개인사, 신념, 사명, 원칙 등을 매일 공유해야 하는 이유에 관해서 이야기해 보고자 합니다.

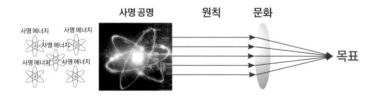

GEEK! 비전

GEEK!의 신념	열정적인 세상을 만듭니다.
GEEK!의 사명	열정적인 사람들이 언제, 어디서든, 함께 살아가는 세상을 만듭니다.
GEEK!의 목표	2027년 12월 31일까지, 1,024억 기업 가치의 회사를 만듭니다.

GEEK!의 시스템

GEEK!의 구성원

이름	사명	직무 기술서
김서한	비즈니스 창조를 통해 사명을 찾고 유지시키고 발전시키는 존재	
마찬옥	열정적인 세상을 만든다.	

GEEK!의 원칙

원칙 0	신념과 사명이 공명한다.	팀의 사명과 자신의 사명에 기반한 행동이 어떻게 공명했는가?
원칙 1	직설적이고 솔직한 커뮤니케이션을 한다.	자신의 가족관계/건강/돈/일에 대해서 솔직하게 이야기한다.
원칙 2	ALL-IN ONETHING	All-in Geek!, Geek!에만 올인한다.
원칙 3	최고만을 추구한다.	매주 한 번, 지난 주 목표를 점검하고 다음 주 목표로 할 일을 계획한다.(최고 수준에서)
원칙 4	장기적으로 생각한다.	이번 주 단기적 문제를 장기적인 관점에서 해결하려고 했는가?
원칙 5	끊임없는 혁신, 발명 그리고 시스템화	끊임없는 혁신 그리고 발전한다.(무질서) → 그리고 시스템화를 시켜 단순화시킨다.(질서)

| 1 | 초깃값: 내면까지 같은 사명, 목표, 성향

협업할 때 초깃값은 매우 중요합니다. 여기서 말하는 초깃값은 세 가지 핵심 요소로 구성됩니다. 내면까지 같은 신념과 사명, 같은 목표와 같은 성향입니다. 이 초깃값에서 타협이 생기면 "이 일을 하게 되면 이익이 될 것 같아. 그런데 약간 찜찜하긴 해"라는 사고 과정을 거치게 됩니다. 이럴 때 단기적 수익에 머물거나 수억 원을 손해를 보고, 서로를 사기꾼이라고 생각할 것입니다.

내면까지 같은 사명이란 나의 사명이 비즈니스의 순수성을 잃지 않게 만드는 존재입니다. 그 순수성이란 어린아이처럼 비즈니스가 너무 재미있어서 역경이 와도 계속할 수 있는 상태를 의미합니다. 돈만을 최고의 가치로 두는 사람과 협업하게 되면 그 순수성은 완전히 더럽혀지며, 사업은 망조를 겪게 될 것입니다.

내면까지 같은 목표의 예를 들겠습니다. 대학교를 대체하는 교육 시스템을 만들고 싶은데, 같이 하는 사람이 명문대가 무너지는 것을 싫어하면서도 단지 돈이 될 거 같아서 겉면만 협업하면 사업은 망조를 걸게 됩니다.

내면까지 같은 성향의 예는 베풀고 감사함을 아는 사람이 있는데 베푸는 것을 당연하게 여기는 사람이 있다면 이 또한 망조를 겪게 되겠죠. 따라서 이 3가지 초깃값을 몇 달 심지어는 몇 년을 걸쳐서 검증된 사람하고만 협업을 해야 합니다.

| 2 | 날마다 신념과 사명 원칙의 복기

첫 번째 조건이 완전히 맞아떨어져서 같은 성향, 같은 목표, 같은 사명을 가지 사람과 완벽하게 결합하여 사업이 시작되게 되면 또 장애물이 나옵니다. 인간은 상황에 따라 여러 가지 성향이 있을 수가 있는데, 이게 또 변화되는 것을 방어해야 합니다.

그래서 날마다 온라인이라도 소통하고 있어야 하며, 주 1회는 신념 사명, 원칙을 지키고 있는지 서로 확인하면서 사업을 해야 합니다. 개인사에 부부 관계, 부모님 관계, 사업 관계 등에 변화가 생겨 더 초깃값을 유지할 수 없는 경우가 생길 수가 있는데 이 상황까지 가기 전에 빠르게 대처하거나 빠르게 헤어져야 합니다. 따라서 매일 개인사, 사명, 원칙을 잘 지키고 있는지 서로 피드백해야 합니다.

| 3 | 각각의 구성원 모두가 각자 가지고 있는 다른 장점에 대해 극대화된 전문가여야 함

이것은 가장 중요한 초깃값이기도 합니다. 같이 사업을 하는 사람의 초깃값이 사명 일치화, 원칙까지 일치화시키고 일을 진행하지만 여기는 정글의 비즈니스 판입니다. 한 명이 단점이 시스템을 잘못 만든다면 다른 팀원은 시스템을 짜고 있어야 하며, 한 명은 리더십이 부재해서 한 명이 리더십을 보완해야 하고, 기술 도구를 한 명이 못 다루면 기술 도구를 구현할 팀원이 필요합니다. 이렇듯 각각의 장점이 달라야 하며 그 장점을 전문가 수준까지 올리거나 이미 올라간 사람들과 함께해야 시너지가 극대화되어 핵융합 폭발이 일어날 수 있습니다.

| 4 | 공동의 비즈니스 원칙 세팅 후 매일 그 원칙을 절대 서로 타협하지 않는 것

에이그라운드의 원칙을 몇 가지 이야기해 드리자면 아래와 같습니다.

첫 번째, 솔직하게 소통한다.

두 번째, 신념과 사명이 공명하는 사람과는 소통한다.

세 번째, 장기적으로 생각한다.

네 번째, 올인 윈씽한다.

다섯 번째, 시스템적 사고를 습관화한다.

이것이 공통원칙으로 자리 잡혔다면 누군가 팀원이 이 원칙에 어긋날 때 사소한 것이라도 짚고 넘어가야 합니다. 그것을 효과적으로 하기 위해서는 매일 점검하는 시스템이 필요하겠죠. 원칙을 헌법처럼 원칙을 지키지 않으면 감옥에 가는 것처럼 다루어야 전체가 살 수 있는 사업 시스템을 구축할 수가 있습니다.

|5| 물리적 거리가 가까울 것

인간은 눈에서 멀어지면 마음도 멀어집니다. 물리적 거리라는 것은 그만큼 굉장히 강력합니다. 에이그라운드에서 함께 사업하는 사람들은 필수적으로 몰입 커뮤니티에서 생활하는데, 제가 주 1회 미팅으로 사업을 해보기도 하고 월 1회 미팅으로 사업을 해보기도 했지만 단 한 번도 성공한 적이 없습니다. 하지만 매일 보는 시스템을 만들고 나서부터는 사업이 너무나도 수

월하게 진행되는 것을 경험했습니다.

스몰 토크를 하는 중에서도 아이디어와 놓친 것을 보완할 수 있고 그때 그때 아이디어가 휘발되지 않아서 형식적으로 회의만 한다고 해서 절대 사업이 진행되지 않는다는 것을 명심해야 합니다. 진지하게 사업을 할 사람들은 물리적으로 매일 봐야 합니다.

이렇게 총 5개의 원칙을 지킬 때만 대표끼리 혹은 직원끼리 가장 이상적으로 협업 구조와 동업 구조를 세팅할 수가 있고 손해를 보지 않고 사업을 안정적으로 운영할 수가 있습니다.

불편한 순간 솔직함은 큰 힘을 발휘한다

에이그라운드에서는 누구나 동등한 위치에서 자유롭게 대화할 수 있으며, 필요할 때 누구와도 의견을 공유합니다. 이러한 자유로운 소통을 통해 우리는 매일의 즐거움을 유지하고 항상 깨어 있습니다. 솔직하게 소통하지 않을 때, 우리는 엄청난 대가를 치르게 됩니다. 솔직하지 못할 때는 고통이 따르지만, 솔직해질 때 우리는 진정한 자유를 얻습니다. 우선, 제가 솔직하게 소통하지 못했을 때의 실수들을 이야기해 보겠습니다.

첫 번째 사례: 개인사에서의 실패

20대 시절, 저는 재수와 편입에 모든 것을 바쳤습니다. 좋은 학교로 편입했음에도 불구하고 다시 편입을 시도하며 4번의 시험을 치렀고, 결국 군대에 가야 했습니다. 마지막 편입 시험에서 떨어진 후, 저는 수의대에 합격했다고 거짓말을 하게 되었습니다. 단 1달 동안의 거짓말은 극심한 심리적 고통을 안겼고, 대인기피증까지 생겼습니다. 이 경험은 솔직하지 못할 때의 비극이 무엇인지 뼈저리게 깨닫게 해주었습니다.

두 번째 사례: 컨설팅의 실패

컨설팅을 진행하던 중, 한 고객이 퍼스널 브랜딩 방법론을 물어왔습니다. 그러나 그는 이미 모든 방법을 알고 있었습니다. 과거사를 깊이 파헤치자, 그는 고등학교 시절 유명한 일진이었다고 실토했습니다. 이 사실은 그가 퍼스널 브랜딩을 할 수 없는 이유였습니다. 솔직한 소통이 없었다면 이 문제는 해결되지 않았을 것입니다.

세 번째 사례: 직원과의 관계

2년간 함께한 직원이 적성을 발견하고 매달 1,000만 원 이상을 벌게 되었습니다. 그러나 그는 이후 성과가 급격히 감소했습니다. 저는 그와 솔직한 소통을 시도했지만, 1년 동안 서로에 대한 신뢰가 무너진 상태였습니다. 그 사이, 그는 저에 대한 유언비어를 듣고 저와의 소통을 피했습니다. 결과적으로 저는 수천만 원의 손실을 보았고, 이 경험은 솔직한 소통의 중요성을 다시 한번 일깨워 주었습니다.

솔직한 소통의 필요성

에이그라운드에서 잠재 의식을 다루는 이유는 솔직함을 과거의 나와 부모에게 적용하여 왜곡된 감정과 의식을 마주하기 위함입니다. 현재에 솔직해진다고 해도 과거의 왜곡된 의식을 가지고 있다면 이는 다시 왜곡을 강화할 수 있습니다.

각각의 구성원이 잠재의식을 통해 과거의 자신에게 솔직해지고 왜곡된 의식을 바로잡게 되면 그들이 모여 조직을 이룹니다. 이런 조직은 자유롭고 솔직한 소통이 가능해집니다. 우리가 자유로운 소통을 조직의 원칙으로 삼는 이유는 간단합니다. 즐거운 대화와 솔직한 소통, 거침없는 아이디어 제안, 의견 공유, 열린 피드백이 주는 가치는 매우 크고 옳기 때문입니다.

솔직하지 않은 조직은 침묵하게 되고, 이는 왜곡된 결과를 초래하거나 아무것도 일어나지 않게 만듭니다. 우리는 솔직함을 기반으로 리더십을 분화시키고, 모든 팀은 리더가 필요합니다. 리더는 책임자이자 권한을 부여받은 팀의 선장으로서 구성원들에게 목표와 맥락을 전달하고, 어려운 선택 앞에서 최선의 의사 결정을 내려야 합니다. 의사 결정 능력은 부하율이 없고 단순함의 가치를 추구하며, 잠재의식 속의 왜곡된 의식을 바로잡았을 때만 최상의 의사 결정 능력을 발휘할 수 있습니다.

솔직함의 가치를 추구할 때만 리더십이 분화되고 조직이 확장되며, 조직의 파워가 강해질 수 있습니다. 제가 CJ제일제당에서 근무할 때는 아무도 솔직하지 않아, 위에서 내려오는 조직의 철학과 핵심 가치를 이행할 수 없고 암기나 커닝하는 어이없는 상황을 맞기도 했습니다. 따라서 우리는 언제든지 사소한 개인사든, 중대한 사항이든 누구와도 이야기할 수 있는 환경을 조성했습니다. 특히 중대한 이야기가 솔직하게 소통되지 않으면 회사는 큰 손실을 보게 됩니다.

또한, 조직 전체에 이득이 되는 이야기는 모두에게 공유해야 합니다. 컨설팅할 때, "이런 것까지 말해야 하나?"라는 질문을 자주 듣습니다. 꼭 말해야 합니다. 이러한 사항은 특히 많이 말해야 합니다. 잠재의식 속에 다른 방향성을 가졌는지도 모른 채 코칭을 받으면, 전 세계에서 가장 능력 있는 컨설턴트가 와도 방향이 산으로 갈 수 있습니다.

자유롭고 솔직한 소통은 존중과 유머와 함께 에이그라운드에서 항상 옳은 방향으로 작동합니다. 에이그라운드의 모든 구성원은 잠재의식을 통해 감정을 컨트롤할 수 있는 사람들입니다. 분노, 무감정, 비교 의식, 수치심 등 부정적 감정을 컨트롤할 수 있을 뿐만 아니라, 인정 욕구와 자아실현 욕구까지 컨트롤할 수 있는 사람들입니다.

따라서 에이그라운드의 모든 구성원은 어떤 일이 있어도 감정적으로 소통하지 않기 위해 노력합니다. 감정적으로 소통하기보다 원칙과 사명에 기반한 소통을 지향합니다. 이렇게 원칙과 사명으로만 대화하게 되면 절대 싸울 일이 없습니다. 왜냐하면, 헌법처럼 우리가 합의하고 정했기 때문입니다.

우리는 존중과 논쟁, 까다로운 설득을 통해 항상 더 나은 방향을 발견해 왔습니다. 다만 유머는 언제나 필요합니다. 유머 코드가 조금 어긋나도 서로 이해할 수 있습니다. 자유로운 소통을 통해 얻을 수 있는 최고의 가치는 자유와 즐거움이기 때문입니다.

조인트십에서 필요한 것은 솔직함과 단순함입니다. 솔직한 소통은 신뢰를 구축하고, 각 구성원이 진정한 자신을 드러낼 수 있는 기반을 마련합니다. 이는 조직 내에서 자유롭고 창의적인 아이디어가 활발히 교환될 수 있도록 합니다. 또한, 단순함은 복잡한 문제를 명확하게 이해하고 효과적으로 해결할 힘을 줍니다. 따라서, 솔직함과 단순함은 조인트십을 성공으로 이끄는 핵심 요소이며, 이러한 원칙을 바탕으로 우리는 더욱 강력하고 유연한 조직을 만들어 나갈 수 있습니다.

성공은 전략이 아니라 원칙을 따르는 자에게 온다

사업을 하면서 저는 2억 원의 빚을 떠안고 사기를 당하기도 했으며, 직원 수를 12명까지 늘려보았습니다. 20개 이상의 사업을 시도하며 약 4,000명의 사업가를 코칭하고 현재 650명에게 지속해서 코칭을 진행 중입니다. 그 과정에서 얻은 사업 인사이트는 많지만, 여기서는 핵심적인 15가지를 말씀드리겠습니다.

저는 사업을 완벽하게 잘하지는 않지만, 수천 개의 후기가 있고, 수백 개의 수익 인증을 받았습니다. 클래스 유에서 상을 받았고, 식품 제조사로 장관상도 받았습니다. 장관상은 쉽게 주어지는 것이 아니죠. 그래서 사업을 막 시작하는 분들이나 이미 운영 중인 분들에게 도움이 되고자 합니다.

| 1 | 행동을 바꾸고 싶다면 환경을 바꿔라.

인간은 환경을 이길 수 없습니다. 우리는 자연 일부일 뿐입니다. 환경을 무시하는 것은 자만심입니다. 단순히 교육만 제공하는 것이 아니라, 커뮤니티를 통해 후속 지원을 했더니 성과가 폭발적으로 증가했습니다.

| 2 | 생산성을 높이는 가장 좋은 전략은 불필요한 것을 제거하는 것이다.

비효율적인 요소들을 과감히 제거해야 합니다. 이메일, 카톡, 불필요한 미팅 등을 줄이면 목표를 달성할 수 있는 환경을 만들 수 있습니다. 이 사실을 망각하고 5년간 버려뒀다가 수억 원의 손해를 본 경험이 있습니다.

| 3 | 문제는 곪아 있기 전에 즉시 해결하라.

문제를 오래 끌수록 상황은 악화합니다. 찝찝한 일이 생겼을 때는 솔직하게 소통하고 즉시 해결해야 합니다. 이를 미루면 1년 후 큰 손해로 돌아오더군요.

| 4 | 고객에게 가치를 더하는 것보다 더 중요한 것은 없다.

돈의 본질은 에너지(건강) → 가치 → 신용 → 돈입니다. 에너지를 높이고, 가치를 제공하고, 신용을 쌓아야 돈이 벌립니다.

| 5 | 본인의 과거 경험에 답이 있다.

사람들은 새로운 것을 시도하려고 하지만, 과거 경험 속에 답이 있습니다. 저도 식품 사업에 장착하게 된 계기가 과거 CJ제일제당에서의 경험이었죠. 과거 경험을 사업에 적용할 때 가장 빠르고 지속적인 결과를 얻을 수 있습니다.

|6| 원칙에 타협하지 않을수록 더 많은 돈을 벌 수 있다.

사업상 최소 5가지 원칙을 세우세요. 저는 솔직하게 소통하기, 하나에 집중하기, 장기적으로 생각하기, 신념과 사명이 일치하는 일 하기, 최고를 추구하기를 원칙으로 삼고 있습니다. 매일 점검하고, 주 1회 팀원들과 회고를 진행합니다. 이를 지키지 않으면 반드시 타협하게 되고, 몇 년 뒤 손실로 돌아오더군요.

|7| 장기적으로 생각할수록 더 나은 결정을 내릴 수 있다.

샘 알트먼도 말했듯, 대부분 사람은 장기적인 사고를 하지 않습니다. 단기적으로 도움이 되는 일과 장기적으로 가치 있는 일이 충돌하면 무조건 장기적인 선택을 하세요.

|8| 당신의 인생은 당신이 내린 모든 결정의 총합이다.

비즈니스는 곧 의사 결정 능력입니다. 하루에 수십 개의 작은 결정을 내리고, 이 결정의 총합이 성공을 만듭니다. 많은 실패를 통해 의사 결정 능력을 키워야 합니다.

│9│ 당신은 당신이 유치하고자 하는 고객이 되어야 한다.

내가 내 상품의 고객이 아니라면 고객을 유치할 수 없습니다. 저는 교육에 4억 원 이상을 투자하며 스스로 소비자가 되었고, 덕분에 고객의 마음을 정확히 이해할 수 있었습니다.

│10│ 사업 문제는 개인적인 문제에서 비롯 된다.

사업의 표면적인 문제는 사실 개인적인 문제의 반영일 뿐입니다. 남편, 아내, 부모님, 친구와의 문제가 사업에 영향을 미치기도 하죠.

│11│ 사람들의 말을 믿지 말고 행동을 관찰하라.

벤치마킹할 때는 그들의 현재 말보다는 과거 행동을 분석하세요. 제가 누군가를 흡수하는 데 가장 효과적이었던 방법은, 그들이 처음 사업을 시작했을 때의 행동을 철저히 분석하는 것이었습니다.

| 12 | **진정한 성장은 자신을 외부에서 바라볼 때 가능하다.**

메타 인지, 관찰력, 잠재의식의 관찰자 효과를 연습하세요.
자신을 객관적으로 바라보면 문제의 본질을 파악하고, 사업을
성장시킬 수 있습니다.

| 13 | **모든 것을 하려고 하면 아무것도 이룰 수 없다.**

모든 것을 잘하려 하지 말고, 잘하는 한 가지에 집중하세요.
나머지는 파트너를 찾아 맡기세요.

| 14 | **사업은 시작함으로써 배우는 것이다.**

작은 일이라도 직접 실행하며 실패를 경험해야 합니다. 강의
만 듣는 데 그치지 말고, 배우는 즉시 실전에 적용하세요.

| 15 | **파트너를 고를 때 양보하지 말아야 할 세 가지**

① 똑똑함(지능)
② 높은 에너지

③ 진실성과 성실성

이 세 가지 중 하나라도 부족하면 실패할 가능성이 큽니다. 15가지 원칙과 깨달음은 제 경험을 통해 얻은 소중한 자산입니다. 이 원칙들을 바탕으로 사업에 적용해 보시기 바랍니다. 성공은 단순한 운이 아니라, 지속적인 노력과 올바른 원칙의 결과임을 잊지 마세요.

사업은 성장해야 한다, 그러나 흔들리지 말아야 한다

진정한 멘토

사업을 할 때, 신념은 기본적인 바탕이 되어야 합니다. 커뮤니티 사업은 어렵다고 하였지만, 신념은 곧 본질 자체이기에 계속해서 강조할 것입니다. 사업을 하면서 빚을 지고, 무너져도 앞으로 나갈 수 있는 꾸준함과 인내심은 신념에서 만들어집니다. 이 신념 세팅 방법을 한마디로 정의하자면, '무의식적으로도 나 자신을 알게 되고, 왜 사는지에 대한 목적을 세팅하는 것'

입니다. 이 한마디가 모든 핵심과 본질을 담고 있습니다.

본질이 갖춰지면, 연쇄 작용으로 여러 가지 신기한 일들이 함께 일어나게 됩니다. 감사하게도 저를 '멘토'라고 불러주시는 분들이 있습니다. 제가 대단해서가 아니라, 저에게서 작은 배움을 얻어간 분 중 몇 분이 현재 누군가에게 멘토 포지션에 있기 때문입니다. 멘토의 또 다른 멘토 효과로 저를 그렇게 불러주신다고 생각합니다.

물론, 저는 아직 그럴 그릇이 되지 않는 사람이라고 생각합니다. 여기서 말하는 '멘토'란 바로 옆에서 자신의 편이 되어주는 사람입니다. 가벼운 마음으로 누군가를 멘토라 부르거나, 본인이 스스로 그렇다고 착각하는 망상에 빠지지 않길 바랍니다. 멘토라는 호칭에는 그만큼 많은 책임감이 따르기 마련입니다.

25세 이하의 '정신 연령'

위와 연관된 재미있는 이야기를 잠깐 해보겠습니다. 저는 누군가가 정말로 원한다면, 고민하는 부분에 관한 결정을 때때로 대신 내려주곤 합니다. 인간은 원래 타인에게 책임을 전가하고 싶어 하는 습성이 있습니다. 누군가 본인 대신 중대한 결정을 해주길 원한다면, 이에 따른 모든 책임은 본인에게 돌아온다는 사고를 하고 있어야 합니다.

사실 25살 이하의 정신 연령을 가진 사람들은 습관적으로 '남 탓'을 합니다. 이때 포인트는 25살의 '실제 나이'가 아닌 '정신 연령'을 뜻합니다. 이런 사람들이 사업을 하게 된다면 어떤 현상이 발생할까요? 매우 큰 피해를 양산할 것은 불 보듯 뻔한 일입니다. 우리는 모든 책임을 본인에게 가져올 수 있을 만큼 강한 책임감을 느껴야 합니다.

비즈니스 3가지 스킬

신념 세팅을 통해 내공이 단단해졌다면, 이제는 몇 가지 기술이 들어가도 좋습니다.

1) 아젠다 세팅 기법

내가 원하는 내용을 원하는 시간에, 내가 지정한 사람들에게 보여주는 것입니다. 예를 들어, 매주 수요일 정기적으로 진행하는 스터디에 수십 명의 수강생이 참석하기 위해 일정을 비우는 것은 고객이 충성할 수 있는 브랜드를 만드는 데 성공했다는 방증입니다.

2) 마이크로 브랜딩

내 회사를 브랜딩하고, 나 자체를 브랜딩한 뒤, 각각의 플레이어를 브랜딩합니다. 궁극적으로 직원 개개인과 회사의 사옥까지 브랜딩하는 이미지 세팅이 필요합니다. 만약 수강생들 각각의 세계관이 만들어지고 브랜딩이 된다면? 그 사람들이 한군데 모여 '공통 세계관'과 '서브 세계관'이 모두 공존한다면, 저는 이 소용돌이에 엔터테인먼트 원리를 결합해 YG, JYP와 같은 기업으로 더 많은 사업가를 배출시키고 싶습니다. 평범한 사람들을 훈련해 사업가로 만드는 과정이 더욱 체계화되고, 막강한 브랜딩이 바탕에 있다면 충분히 가능성이 있는 사업이라고 생각합니다.

3) 특허(독점)

근래에 구상하고 있는 아이템이 있습니다. 제 사업체인 '에이그라운드'의 교육 시스템은 특허 출원이 가능합니다. 만약 이런 특허 시스템과 더불어 변리사를 통해 논문, 여러 가지 강의와 교육에 대한 커리큘럼을 청소년들의 입시 시장에 녹여낸다면 어떨까요? 기존에 없던 새로운 시장 창출이 가능할 것입니다. 한국의 사교육 시장은 줄 세우기 경향이 매우 강하게 작용하기에 여러 가지 전략이 필요합니다.

이런 틈새를 공략한다면 시장에 없던 새로운 패러다임을 불러일으킬 수 있습니다. 단, 이게 가능해지려면 압도적인 전문성을 기반으로 한 나만의 뾰족한 '한 수'가 필요합니다. 당신의 비즈니스에서 어떤 틈새를 공략할 수 있을지 생각해야 합니다.

플레이어를 모아야 하는 이유: 플랫폼화 사고방식

위에서 말한 것은 극히 일부일 뿐입니다. 당신이 커뮤니티라는 소규모 창조에 성공했고, 결이 비슷한 사람들로 주변 환경을 변화시켰다면, 이제는 수많은 비즈니스에 도전할 수 있는 기반이 마련되었습니다. 몇 가지 예시를 통해 알아보겠습니다.

1) 오픈 채팅/네이버 카페

카카오나 네이버가 망하지 않는 이상, 이 퍼널은 계속해서 존재할 것입니다. 요즘은 워드프레스라는 플랫폼도 대중들에게 잘 알려져 있습니다. 사업체를 어느 정도 규모로 키워내고 사람들을 한군데로 모으는 과정을 버틴다면, 이때부터는 수없이 많은 쪽지와 문의가 쇄도합니다. 내가 고객을 찾아가는 것이 아닙니다. '진짜 비즈니스'를 원한다면 고객이 나를 찾아오게 만들어야 합니다. 수없이 많은 문의에 묻혔다면 당신의 비즈니스는 일정 수준의 궤도에 올랐다고 볼 수 있습니다.

2) 법률전문커뮤니티

이혼, 불륜, 민·형사 등 법률과 엮여 있는 문제들은 대체로 고객의 결핍이 강하게 작용합니다. 고객을 모집할 수 있는 퍼널이 세팅되어 있고, 각 분야의 전문가를 갖춘 무기가 있는 상태에서 이들을 한곳으로 모은다면? 돈은 벌고 싶지 않아도 자연스럽게 벌릴 것입니다.(책〈플랫폼 제국〉참고)

이런 플랫폼 사고방식이 기본적으로 뇌에서 작동할 줄 알고, 시장이 어떤 메커니즘을 통해 돌아가는지 알면 분야는 크게 상관없습니다.

정확한 객단가 설정

저는 컨설팅 가격을 천천히, 그리고 꾸준하게 올려왔습니다. 처음에는 200만 원, 그다음은 300만 원, 이후에도 계속해서 상승했습니다. 과연 제가 지금 12주간의 정규 교육과정 + 1년간 한 달에 2번씩 무료로 제공하고, 몇 년이 지나도 요청하면 진행해주는 1:1 무료 상담권을 200만 원 받고 진행했다면 해낼 수 있었을까요? 저는 예수님이 아닙니다. 우리는 자원봉사자가 아니기에 절대 불가능합니다.

초반에도 얘기했지만, 결국 사업의 본질은 '돈'입니다. 내 가치와 노력에 걸맞은 정확한 객단가 설정이 없다면, 단언컨대 그 사업은 오랜 지속이 힘들어집니다. 단, 당신의 레벨이 매우 낮은 상태에서 준비가 되지 않은 채 큰돈을 만지게 된다면 넘치기 마련입니다. 본인의 그릇에 맞는 가격을 설정해야 합니다. 끝없이 공부하고 본인에 대한 깊은 사색을 반복하기 바랍니다.

이런 순서를 지키지 않고, 자신을 믿고 배우러 온 사람들을 그저 돈으로 바라보기 시작한다면 그 반작용은 매우 빠르게 올 것입니다. 만약 당신의 의도와 다르게 객단가가 빠르게 책정됐다면 두 가지를 선택해야 합니다.

① 부작용을 각오한다.
② 돈을 버는 시간이 단축된 만큼 내 몸과 시간을 갈아 넣어 역량을 끌어올린다.

2번의 작업을 당신이 거치지 않았다면, '자만심, 오만함'에 빠져 허우적대다가 비즈니스를 망치거나, 받는 돈에 대한 압박감을 이기지 못해 무너질 확률이 매우 높습니다.

지속 가능함의 비밀

수많은 수강생과 원원하는 관계를 만들기 위해 부단히 큰 노력을 해왔습니다. 과거에 극단적인 소비자였던 저는 그 누구보다 소비자의 심리를 잘 이해하고 있습니다. 할인율 몇 %가 아까운 것은 어쩔 수 없는 인간의 본성입니다.

몇몇 사람들과의 공생 관계를 만들어 비즈니스가 어느 정도 성과를 거두면, 마이너스 에너지를 쏟는 게 싫어서 "그냥 다 가지세요"라고 습관처럼 말하며 지냈습니다. 하지만 내가 자본을 보태고, 시스템과 인적 자원을 투자해 함께 시스템을 세팅하더라도, 인간은 물질적 욕심이 강해지면 함께 바라봤던 목적지는 사라지고 온데간데없게 됩니다. 과연 함께하는 미래를 그리고 만들어둔 판에서 '욕심'을 부리면 지속 가능할까요?

제가 5년간 5:5의 수익 구조로 수십, 수백 번의 비즈니스를 시도해 봤지만, 이는 불가능하다는 것을 알게 되었습니다. "함께 살아남고, 많이 법시다!"라는 마음이 아니면, 지속은 불가능하다는 사실을 일찍이 깨닫기 바랍니다.

흔들릴 때는 다시 원칙으로 돌아가라

사업을 유지하면서 '원칙'이 제대로 정립되지 않아 많은 돈과 시간, 감정을 소모했습니다. 최근에서야 드디어 나만의 원칙이 확립되었고, 이제는 내 인생과 사업의 모든 의사 결정과 방향성이 이 원칙을 바탕으로 이루어지고 있습니다.

아무리 많은 고민을 해봐도, 사업을 영위하면서 느끼는 점은 확실한 성공 방법이나 정석은 없다는 것입니다. 하지만 원칙이 바로 잡힌다면 모든 의사 결정은 간단명료해지고 깔끔해지며, 감정적으로도 행복해지는 지름길이 될 수 있습니다.

우선 원칙을 세우기 전에 확인해야 할 부분이 있습니다. '나는 무엇을 원할까?'를 명확히 알아야 합니다. 원칙을 세우고 의사 결정을 하기 전에는 내가 진정으로 바라는 것이 무엇인지 파악해야 합니다.

사람의 뇌는 어떤 행동을 하기 전에 '왜 해야 하는데?'를 먼저 이해해야만 실행하도록 설계되어 있습니다. 그러나 보통은 '왜?'를 제대로 알지 못한 상태에서 '어떻게 하지?' 혹은 '이 문제를 어떻게 해결하지?'를 먼저 고민하게 됩니다. 이는 틀린 것이 아니라 순서가 잘못된 경우라고 볼 수 있습니다.

원칙이 없다면 자신만의 명확한 기준이 없어서 사업을 확장하거나 많은 사람을 만나면서 잘못된 선택을 할 확률이 높습니다. 저도 원칙이 제대로 잡히지 않은 상태에서 사업을 운영해왔고, 그 결과는 참담했습니다. 비용적으로 최소 수억 원을 잃었고, 인사 문제로 수십 명의 직원을 다시 채용했지만, 결과는 달라지지 않았습니다. 본질을 해결하지 못하고 임시방편으로 대응한 결과였습니다.

동시에 앞서 언급한 모든 것을 나에게 가져오는 '책임감'이 생긴 상황이라면, 모든 책임을 나에게 돌릴 수 있어서 문제는 생기지 않습니다. 반면, 원칙이 생기지 않아 손실이 발생했을 때 이를 '나의 경험 부족이니, 나의 책임이지'라고 버려둔다면, 이를 바로잡기까지 최소 두 배 이상의 시간이 필요합니다.

원칙을 통한 기준이 바로 잡히지 않으면, 위에서 겪은 상황들이 손실인지조차 인식하지 못하게 됩니다. 그저 사업을 운영하면서 겪는 '경험'으로 넘겨버리게 되는데, 이 경험은 많은 위험을 바탕으로 쌓인 것이므로, 가능하다면 피하는 것이 현명합니다.

물론 이러한 상황들을 반복적으로 경험하게 된다면 자연스럽게 내공은 쌓일 수 있지만, 결국 어느 순간 위태롭게 될 수밖에 없습니다. 현재 지식 산업 시장은 정보의 단순 배포자들과 그 배포자들에 대한 피로도가 높아진 고객들로 인해, 시장 상황 자체가 위태로운 상태에 놓여 있습니다.

누군가 협박을 해도 굽히지 않을 수 있는 나만의 원칙과 신념 안에서 움직여야 시장 상황이 최악으로 치닫더라도 살아남을 수 있으며, 비즈니스를 포기하지 않을 수 있습니다. 사업적으로 나만의 원칙이 중요하다는 점을 강조했지만, 우리는 동시에 인생을 살아가면서도 어떤 원칙 속에서 살아가야 하는지를 함께 고민해야 합니다.

흔히 성공했다고 '생각하는' 인생을 꿈꾸기 전에 알아야 할 사실은, 아무리 많은 돈을 벌고 스스로 정신 승리를 해도 '비교 의식'을 제거하지 않은 상태에서 끌어당김을 외치며 노력한다면 현실과 꿈 사이의 괴리감만 커지게 된다는 것입니다. 이 괴리감이 지속하면 실행력이 떨어지고, 결국 많은 사람이 중간에 포기하게 됩니다.

우리가 알아야 할 것은 좋은 침대, 좋은 관계, 좋은 음식 등 모든 '좋아 보이는 것들'은 적당한 돈만 벌어도 대부분 흉내 낼 수 있다는 점입니다. 조금 더 가난하다고 해서 삶이 엄청나게 나빠지지도 않습니다.

그런데 비교 의식을 제거하지 않은 상태에서 살게 되면, SNS 속 남들의 가장 빛나는 순간들을 보면서 열등감을 느끼게 됩니다. 이러한 괴리감과 비교 의식을 없애기 위해서는 어떤 과정이 필요할까요? 방법은 간단하지만, 극단적으로 진실하고, 나 자신에게 투명해지는 것입니다. 나를 속이지 않고 내가 진정으로 바라는 것이 무엇인지 알아야만 '빠른 학습'이 가능해집니다.

원칙이 세워지면, 동시에 한층 더 의미 있는 일과 인간관계를 지속해서 유지할 수 있습니다. 비교 의식을 제거하고 원칙이 바로 잡히면, 남들이 내 비즈니스를 어떻게 생각할까? 직원들은 나를 어떻게 생각할까? 협력사는 나를 어떻게 평가할까? 대중들은 나를 나쁜 사람으로 생각하지 않을까? 하는 걱정에서 벗어날 수 있습니다.

이런 부정적인 생각들로 인해 나아가야 할 상황에서 주저하게 되는 불상사를 방지할 수 있습니다. 원칙을 통해 이러한 생각들을 뒤로하고, 강한 실행력을 발휘하며 진정한 '나만의 것'을 찾을 수 있습니다. 하지만 우리는 종종 원칙을 거부하고 '타협'하길 선택합니다. 임시방편으로 타협을 선택하게 되면, 저처럼 수억 원의 돈과 많은 시간을 잃게 될 수 있습니다.

타협을 선택하는 것은 그 순간 사람들과의 불편함을 피하고자, 그리고 스스로 합리화를 위해 일시적으로 도망치는 행위입니다. 이렇게 되면 결국 더 큰 손실을 초래하게 되고, 원칙을 세우고 지켜나가는 것이 얼마나 중요한지를 깨닫게 됩니다.

장기적으로는 좋은 결과를 가져올 수 없으며, 오히려 역효과를 낳게 됩니다. 원칙 속에서 움직이면 타인에게 비난받는 것을 두려워하지 않을 수 있습니다. 이처럼 나와 타인에게 조금은 엄격해져야만 성과 또한 더욱 좋아질 수 있습니다.

제가 지키려고 반드시 노력하는 원칙 중 하나는 '약점을 드러내는 것'입니다. 모든 것을 내려놓을 때 비로소 한 단계 더 자유로워질 수 있으며, 약점을 숨기면서 지켜내려는 많은 것들에 더는 구애받지 않게 됩니다.

저는 이러한 약점에 대해 수강생과 직원들과 극단적인 투명성을 유지하기 위해 노력합니다. 현재 회사의 문제점과 오너의 리스크를 공개적으로 이야기하지 않으면, 해결책을 찾지 못한 채 함께 망할 수밖에 없습니다. 대표가 회사의 다양한 문제점을 직원들에게 공유하지 않는다면, 오너는 사업체를 잃게 되고, 직원은 직장을 잃게 됩니다.

여기서 말하는 투명성이 뒷받침된다면, 공동체의 모든 사람에게 많은 것을 직시하고, 상황을 바로 볼 수 있게 하는 능력도 함께 제공해줄 수 있습니다. 만약 이러한 문제점을 해결해가는 과정을 힘들어하는 사람이 있다면, 자연스럽게 이탈하게 되어 비용적인 손실도 줄일 수 있습니다.

원칙은 하나의 비법서와도 같습니다. 인생과 사업에서 조건 없는 정답이나 엄청난 비법은 없다고 생각하지만, A4용지 1장에서 2장 분량으로 나만의 원칙과 사업 기준을 정리한다면 더는 인사 문제로 스트레스를 받지 않을 수 있습니다.

"내 원칙은 ~하는 것이고, 이런 방향성인데, ○○님의 원칙은 어떤가요?"라는 질문을 통해 한층 더 솔직한 의사소통이 가능해집니다. 오너는 직원에게 이 솔직함을 강제로라도 끌어내야 합니다.

만약 이러한 원칙을 통해 투명하게 오픈한 뒤에도 신념과 방향성이 일치한다면, 이때부터는 대표도 열린 마음으로 직원의 의견을 수용할 수 있어야 합니다. 그러나 서로의 원칙을 확인한 후 방향성이 전혀 다르다면, 미련 없이 그 관계를 정리해야 합니다. 그래야만 서로의 소중한 에너지를 낭비하지 않고, 다른 길을 통해 더 빠르게 행복해질 수 있습니다.

사업을 하지 않는 사람도 인간관계, 일, 연애 등에 있어서 1~2장 분량으로 자신만의 원칙을 세우길 바랍니다. 만약 사업을 하는 사람이라면 이른 시일 내에 반드시 이를 만들어야 합니다.

원칙을 세우는 것은 행복해지기 위한 빠른 방법의 하나가 될 수 있습니다. 극단적인 진실과 투명성을 기반으로 원칙이 세워지면 관계 형성에도 유리합니다. 관계가 잘 형성되면 피로도가 급격히 낮아지고, 행복도는 상승하게 됩니다. 행복도가 높은 상태에서 일하면 결과와 성과도 자연스럽게 높아집니다.

하나의 원칙만을 세웠을 뿐인데도, 많은 선순환이 일어나는 것입니다. 사실 일반적인 회사, 특히 한국 특유의 문화에서는 이런 원칙을 통한 의사소통이 어려운 게 현실입니다. 직원이 대표에게 편하게 의견을 제시하는 상황은 드물며, 이를 적극적으로 수용하는 대표를 찾기도 더욱 어렵습니다. 그러나 이러한 어려움을 극복하고 원칙을 세운다면, 조직 내에서 더 나은 소통과 협력이 이루어질 수 있습니다.

내 사업체는 이러한 어려움을 이겨내고 현재 솔직한 의사소통을 진행하고 있습니다. 원칙을 통한 솔직한 대화가 어떻게 가능할까요? 그 비결은 많은 사람이 등한시하는 무의식을 이미 해결했기 때문입니다. 이미 엄청난 고통을 감내하고, 많은 시간을 들여 켜켜이 쌓인 무의식 속 감정들을 해결한 뒤에야 이러한 솔직한 의사소통이 가능해집니다.

부모님과 수십 년 동안 묵힌 감정을 해소하고 이를 극복한 덕분에, 원칙을 통한 의사소통은 한결 쉽게 느껴지게 됩니다. 앞서 언급한 무의식 해결은 많은 선택에 있어서 지대한 영향을 미칩니다. 무의식은 결국 우리의 삶과 비즈니스에 이렇게 '또' 연결됩니다. 저는 너무나 많은 시행착오를 통해 이러한 사실을 깨달았기 때문에, 신념과 무의식의 중요성을 반복해서 강조합니다.

엄청난 기업가를 만드는 것은 제 역량 밖의 일입니다. 사업을 100% 확률로 성공시키는 것도 마찬가지입니다. 하지만 제가 겪은 수백 번의 실패를 피하는 것은 도와줄 수 있습니다. 원칙을 세운 뒤, 실패하더라도 현명하게 실패하자는 자세가 필요합니다. 그리고 실패한 경험을 바탕으로 원칙을 보완한다면, 많은 부분이 긍정적으로 변화할 것입니다.

우리는 보통 갈등을 피해가려고 합니다. 하지만 원칙 속에서 이루어지는 갈등은 필요합니다. 오히려 일어나야 할 '중요한 갈등'을 미해결 상태로 두는 것이 훨씬 위험합니다. 필요한 긍정적 갈등을 미해결 상태로 버려두면 가볍게 피해갈 수 있던 문제들이 심각해지기 시작합니다. 중요한 의사 결정 전 이루어지는 갈등은 필수적이며, 이를 피하려고 할수록 상황은 악화합니다.

건강한 갈등을 피하려 하고, 조직의 비전을 같은 가치관으로 바라보지 않으며 일방적으로 비판한다면, 서로를 위해 스스로 조직에서 나가야 합니다. 대표와 직원 모두가 이러한 사실을 인지해야 하며, 조금은 극단적인 표현이지만 이를 인지하지 못하면 모두가 함께 망하는 가장 빠른 길이 될 수 있습니다.

또한, 많은 과정을 바탕으로 이루어진 결정이 내려졌다면, 개인적으로 동의하지 않더라도 다른 구성원들의 결정을 존중하고 지지하며 적극적으로 참여해야 합니다. 사실 동의하지 않는다는 전제조건 자체도 바람직하지 않습니다. 직원 개인과 대표를 위해 빠르게 조직에서 나오는 것이 서로에게 긍정적입니다.

계속해서 원칙을 바탕으로 한 의사 결정과 인사 문제의 중요성을 강조하고 있습니다. 추가로 강조할 점은, 직원과 오너가 서로의 에너지를 낭비하지 않기 위해서는 적합한 인재를 구하는 원칙을 따로 정해두어야 한다는 것입니다. 이 기준은 '원칙과 신념'을 바탕으로 합니다.

쉬운 방법으로는 교육하고 배울 시간을 충분히 주었는데도 일을 수행할 수 없다면, 사적인 감정을 뒤로하고 조직에서 내보내야 합니다. 이 과정을 해내지 못한 뒤의 대가는 너무 막 대합니다. 내 가치관에 동의하고 결이 맞는 사람인지, 가지고 있는 능력과 기술은 어떤 것인지를 확인해야 합니다. 이 중에서도 가장 중요한 것은 가치관입니다.

다른 사람의 가치관을 바꾸려고 하는 것은 오만이기 때문에, 처음부터 타인의 가치관을 바꿀 수 있다고 생각하지 않아야 합니다. 모든 사람에게는 존중받아야 할 각자만의 가치관이 있으며, 서로가 다를 수 있다는 점을 기억해야 합니다. 우리는 모두 다르게 태어났고 관점과 사고방식에 차이가 있어서 개개인에게 맡겨야 하는 일 또한 다릅니다.

또한, 업무에'만' 적합한 사람을 채용해서는 안 됩니다. 이렇게 되면 가능성을 가진 다른 인재들을 발견하지 못할 수도 있고, 다음에 그 업무의 공백을 메울 다른 사람을 찾는 것이 힘들어질 수 있습니다. 주어진 업무도 수행할 수 있으면서 동시에 인생을 함께하고 싶은 사람들을 고용하는 것이 바람직한 인사 관계입니다.

이렇듯 원칙은 살아가면서 하게 되는 수많은 선택과 사업에서 인사 관계, 협업 등의 많은 분야에서 영향을 끼칩니다. 조직을 허물고 다시 세우기를 수년 동안 반복하면서 드는 생각은, 이 원칙을 빨리 알았더라면 잃었던 많은 돈과 시간을 훨씬 더 아낄 수 있었을 거라는 점입니다. 원칙을 모든 의사 결정의 바탕으로 한다면, 그 과정들은 훨씬 간단해지고 감정적 소모 또한 압도적으로 줄어들게 될 것입니다.

마지막으로 얼마 전에 제 사업체에 적용한 우리만의 원칙을 예시로 적어두려 합니다. 이 원칙을 참고하여 반드시 본인만의 원칙을 바로 잡기 바랍니다.

에이그라운드 원칙

❶ 고객에게 집착한다.
고객에게 좋은 것들이 바로 모두에게 좋은 것이다. 고객에게 지나칠 정도로 집착한다.

❷ All-in OneThing
한 사람이 한 가지에만 집중한다. 이 원칙에 위배되는 것은 위임하도록 노력한다. 레이저 같은 집중력을 가지도록 한다.

❸ 최고만을 추구한다.
'좋다'로 만족하지 않는다. 가차없이 높은 기준을 설정하며 항상 높은 제품, 서비스, 프로세스를 창출하도록 노력한다.

❹ 장기적으로 생각한다.
항상 장기적인 관점에서부터 시작한다.

❺ 신념과 사명이 공명한다.
함께 모든 구성원들의 신념과 사명이 공명해야 한다.

❻ 완전히 솔직하고 투명하게 소통한다.
고객에게 좋은 것들이 바로 모두에게 좋은 것이다.

❼ 최고의 인재만을 채용하고 개발한다.
높은 채용 기준을 가지고 인재를 채용한다. 리더는 이들을 육성하고 가르치는 데 진지하게 임한다.

❽ 끊임없는 혁신, 발명 그리고 시스템화
끊임없이 혁신하고 발명한다. 그와 동시에 이들을 시스템화시켜 단순화할 방법을 찾는다.

❾ 모든 것이 가능한 상태로 존재한다.
항상 모든 것이 가능하다고 믿는 상태에서 생각하고, 계획하고, 행동한다.

❿ 모든 것에 질문한다.
함께 모든 구성원들의 신념과 사명이 공명해야 한다.

지속 가능성 없는 조인트십은 오래가지 못한다

인간은 한 가지에 매몰되면 다른 것에 집중하기 어려운 경향이 있습니다. 현재 비즈니스 업계에서 컨설팅이나 강의를 하는 강사들에게 '강의 팔이'라는 꼬리표가 따라다니는 것은 매우 안타까운 일이지만, 그 이유는 어렴풋이 알 수 있습니다.

업계에서 마케팅, SNS 등 실무 스킬을 가르치는 사람들은 해당 분야가 옳다고 생각하여 그 분야만 가르치려는 경향이 강하고, 반면 마인드나 영성 등 보이지 않는 무형의 본질을 가르치는 사람들도 도구 기술을 등한시하는 경우가 많습니다. 이처럼 사업을 운영할 때 한 분야에만 몰두하면 다양한 오류가 발생하여 지속 가능성이 어려워집니다.

미시적인 관점에서 디테일한 부분을 분석하는 것도 중요하지만, 거시적인 관점으로 넓은 시야를 갖추는 것도 필수적입니다. 저 같은 경우 꼼꼼함과 디테일이 부족한 편이지만, 실행력에는 자부심이 있습니다. 전체적인 '지도', 즉 판을 짜는 영역은 자신이 있습니다.

20년 전 미국 성인교육 시장의 붐과 10년 전 일본의 상황도 비슷했습니다. 현재 대한민국 역시 성인교육 시장이 급성장하고 있습니다. 당신이 교육하지 않더라도 어떤 분야의 비즈니스를 진행하고 있다면, 지도를 그릴 수 있는 통찰력은 언제나 필요합니다. 사업 A와 B를 융합할 수 있는 능력이 없다면 언젠가 도태될 것입니다.

초기 사업을 시작할 때, 특히 실력이 좋은 사람들은 비즈니스의 모든 분야를 혼자서 커버하려는 경향이 있습니다. 초창기에는 자금이 부족해 어쩔 수 없지만, 일정 수준 이상으로 성장하면 혼자서 모든 것을 해내겠다는 욕심과 오만을 버리고 더 큰 그림을 그려야 합니다. 인간은 결점이 많은 존재입니다. 서로 연결될 때 각자의 잠재력이 폭발적으로 발휘되고, 시너지가 발생합니다.

지속 가능한 비즈니스를 위한 태도

사업체를 운영하는 사람이라면 아래의 과정을 유심히 관찰하시기 바랍니다. 이 부분들을 확인하지 않으면 비즈니스를 운영하는 과정에서 많은 시행착오를 겪을 수 있습니다.

비즈니스를 운영하면서 실행력이 뒷받침된다면 (실행력이 없다면 먼저 움직이는 연습부터 하세요), 첫 번째로 행동으로 옮기고 그에 따른 결과를 보게 될 것입니다. 이 과정에서 여러 번의 시행착오를 겪었을 것이고, 성공과 실패를 이미 경험했을 것입니다.

이러한 본인만의 경험치가 쌓여 신념과 내공이 어느 정도 자리를 잡았다면, 다음으로는 누군가를 가르쳐봐야 합니다. 당신이 알고 있는 것을 남들도 모두 알고 있지는 않기 때문입니다. 지식을 진짜 내 것으로 만들려면 밖으로 꺼내 봐야 합니다.

학창 시절, 공부를 잘하는 아이들의 공통점은 다른 친구들에게 공부법을 알려주며 본인 또한 그 분야를 복습한다는 것입니다. 이 과정을 통해 학습 레벨은 한 단계 더 높아집니다. 반드시 어느 정도 수준에 올라야만 누군가를 가르칠 수 있는 것이 아니라는 사실과 그 이유는 당신의 성장을 가로막는 무의식중 일부분입니다. 이런 생각이 있다면 가능한 한 빠르게 깨뜨리기 바랍니다.

누군가에게 가르침을 주고 성장 과정을 공유한 후에는, 이러한 일련의 과정들을 글로 작성해 봐야 합니다. 자기 생각을 글로 정리하고 수정하며 복기하는 과정은, 훗날 엄청난 차이를 만들어냅니다. 이렇게 정리한 글들을 모아 탐색하면 당신의 과정과 행동의 결과물을 알 수 있습니다.

칼럼을 작성하고 본인의 생각을 정리했다면, 본인의 생각과 행동을 통해 '일관성'을 부여한 것입니다. 이런 여러 가지 과정을 지속하고 나면 비로소 '진짜 브랜딩'이 완성됩니다. 이 과정들에 점을 찍어 선으로 연결하고 나면 최종적으로 고객을 모을 수 있습니다.

위와 같은 과정을 통해 내공을 쌓지 않은 채 신념이 흔들린다면, 열심히 달려나가는 와중에도 공허함과 허탈감을 느낄 것입니다. 돈은 한순간 왔다가 다시 사라질 수도 있습니다. 당신도 잠깐 '반짝'하고 사라지는 비즈니스는 피하고 싶지 않습니까? '지속 가능함'의 중요성을 인지하고 원점을 되돌아보기 바랍니다.

지속하기 위해 확인해야 할 내용으로는 또 어떤 것이 있을까? 일본에서 50만 부 이상 판매된 베스트셀러 〈비상식적 성공 법칙〉의 저자 간다 마사노리는 성공하는 사람들의 공통적인 특징을 다섯 가지로 설명합니다.

① 적극적으로 변하고자 한다.
② 배움에 열정적이다.
③ 수동적인 삶을 살지 않는다.
④ 솔직하다.
⑤ 모든 것을 적극적으로 표현 한다.

우리는 이 5가지 능력을 모두 갖추기 위해 노력해야 하지만,

이 중에서도 2번인 '배움에 열정적인 사람'이 되기 위해서는 정말 끝없는 노력을 해야 합니다. 여기에는 이유가 있는데, 실제로 나는 국내와 해외를 모두 포함한 갖가지 강의를 듣기 위해서 수 억 원의 돈을 투자했습니다.

알라딘 중고서점에서만 최소 1,500만 원을 넘게 써봤으니, 배움을 위한 투자에서만큼은 비용을 아끼지 않았습니다. 이런 경험이 있어서인지, 시간이 많이 지나고 어느 정도의 시점을 지나치면서 배움에 흥미를 잃어가는 제 모습을 발견하였습니다. 모든 책에서 말하는 내용이 새롭지 못하게 느껴지는 그런 느낌이라고 해야 할까요.

수년간 사업을 유지하며 단 한 번도 제대로 쉬지 못했던 탓에 그렇게나 간절히 휴식을 원했던 나였는데도 불구하고 약 1년에 가까운 휴식 시간을 가졌을 때는, 모든 것이 허무하게 느껴졌다. 그렇게 다시 달리기 위해 발걸음을 옮겼을 때, 진짜 도파민이 무엇인지 다시금 느낄 수 있었는데, 우리는 오류를 주의해야 한다.

실제로 저는 배움에 대한 흥미를 잃어가면서, 모든 것을 다 안다는 오만함을 느낄 때 여러 가지 위기를 맞닥뜨렸던 경험이 있습니다. 배움에는 끝이 없다는 사실을 항상 명심해야 합니다. 스스로 모든 것을 다 안다는 오만한 감정을 느낄 때는, 인간의 본질적인 오만함임을 인식하고 더욱 많은 것을 배우기 위해 노력해야 합니다. 이러한 오류를 미리 방지한다면, 우리는 한 단계 더 발전된 통찰력을 가질 수 있을 것입니다.

반짝이는 것에 현혹되지 말고 본질에 집중하라

저는 6년 동안 단기적 사고와 시스템적 사고를 하지 못한 채 여러 의사 결정 오류를 범했습니다. 그중 교육비에만 4억 원을 썼습니다. 좋은 교육도 있었지만, 쓰레기 같은 교육도 너무 많았습니다. 초반에 후킹을 하듯이 판매에만 집중할 때 이런 현상이 일어났습니다. 우리는 반짝이는 물체를 경계할 필요가 있습니다.

반짝이는 물체 증후군이란 사람들이 해야 할 일을 알고 있지만, 그 일을 하고 싶지 않아 소셜 미디어를 스크롤 하며 새로운 자극을 찾는 현상을 말합니다. 감정적으로 영향을 주는 새로운 것들에 끌려 현재의 현실에서 벗어나고자 하는 경향으로, 결국 다시 원래 해야 할 일로 돌아오게 되는 반복적인 사이클을 뜻합니다.

제가 7년 전 사업을 시작하고 강의란 강의를 다니던 강의 중독자였던 시절, 강의를 들으면 강의비를 뽑아버리니 이게 완벽한 투자라고 생각했습니다. 제 성향은 산발적이고 아이디어가 계속 발화되었으며, 강의를 들으면 무뇌충처럼 실행하여 계속 결과를 내지만 지속적인 시스템의 힘을 가지지 못하는 에너지로만 사업을 운영했습니다.

강의를 듣고 나면 결과가 나오니 중독자처럼 긁고 돈 벌고, 긁고 돈 버는 반복을 하던 중, 무언가 시스템이 필요하다는 감이 오기 시작했습니다. 저는 멘토나 동료의 도움이 필요하다는 결론에 다다랐고, 그 결과 강의를 더는 듣지 않고 현재 상황을 시스템화하는 데 집중하기 시작했습니다.

이 과정에서 도파민 중독과 단기적 사고의 오류를 인식하게 되었고, 이를 예방할 수 있는 총 9가지 예방법을 발견했습니다. 이 원칙을 적용하니 강의를 듣거나 사소한 의사 결정을 올바르게 할 수 있었고, 불필요한 지출도 줄일 수 있었습니다.

| 1 | 철학의 중요성

모든 것은 철학에서 시작됩니다. 반짝이는 물체 증후군을 극복하기 위해서는 철학을 뒤집어야 합니다. 새로운 것이 좋고 오래된 것이 나쁘다는 일반적인 믿음을 뒤집고, 오래된 것이 좋고 새로운 것이 나쁘다고 생각해야 합니다. 인간의 역사를 보면 결국 본질은 변하지 않고, 새로운 형태처럼 보이는 것만 바뀝니다. 그러므로 우리는 본질에서 멀어지지 않도록 철학을 중심에 두어야 합니다.

| 2 | 즉각적인 반응 멈추기

많은 사람이 즉각적으로 반응하여 결정을 내리며, 이는 종종 잘못된 선택으로 이어집니다. 자신을 제3자의 시각에서 바라보며 감정을 객관적으로 분석하는 연습이 필요합니다. 제가 코칭을 할 때 상담자가 자신을 제3자의 입장으로 바라보게 연습시키는데, 이는 메타 인지와 자기 객관화를 하는 데 가장 효과적입니다. 이런 사소한 의사 결정을 지속해서 잘 내리면 큰 의사 결정도 잘 내릴 수 있습니다.

> **실천 방법** 감정이 격해질 때 잠시 멈추고 자기 생각과 감정을 분석하는 시간을 가지기, 코칭과 대화를 통해 자기 객관화 올리기.

| 3 | 느리게 움직이기

신중한 결정의 중요성은 비즈니스에서 매우 큽니다. 빠른 반응이 아닌 신중한 결정을 통해 성공할 수 있습니다. 결정을 내리기 전에 시간을 두고 생각하는 것이 중요합니다. 주요 결정을 내리기 전에 24~48시간의 시간을 두고 다시 검토해야 합니다.

예전에는 강의를 결정할 때 정말 심사숙고하지 않고 필요하면 그냥 다 긁었습니다. 그로 인해 낭비되는 돈이 많았고, 만약 48시간을 고민하고 결정했다면 정말 많은 돈을 아꼈을 것입니다.

| 4 | 가치 중심의 결정

단기적인 유행이나 인기에 휘둘리지 말고, 장기적인 가치를 고려하여 결정을 내리세요. '시장은 단기적으로는 투표 기계지만, 장기적으로는 저울'이라는 원칙을 기억하세요. 저는 단기적 유행에 잘 휘둘렸는데, 그것은 조급함 때문이었습니다. 조급하게 내린 결정은 한 번도 옳은 적이 없었습니다.

|5| 물리적 거리 두기

소셜 미디어와 같은 자극적인 환경에서 벗어나면 반짝이는 물체 증후군을 줄일 수 있습니다. 불필요한 정보의 노출을 줄이고, 진정으로 중요한 것에 집중하는 것입니다. 저는 오전에 핸드폰을 핸드폰 서랍에 넣고 오후 5시가 될 때까지 보지 않습니다. 그리고 중요한 일은 5시에서 6시 사이에 몰아서 처리합니다. 이런 습관을 들이게 되면 더 많은 일을 짧은 시간 안에 끝낼 수 있습니다.

|6| 다양한 정보원 활용하기

한 가지 커뮤니티에만 속하지 말고, 다양한 분야에서 지식을 얻어야 합니다. 여러 분야의 지식을 통해 창의성을 높이고 잘못된 결정에서 벗어날 수 있습니다. 저는 커뮤니티 모임과 여러 사업을 통해 나와 전혀 상관없어 보이는 사업 분야도 공부합니다. 요즘은 부동산, 주식 쪽에서 얻은 인사이트가 사업에 적용될 때가 많습니다.

| 7 | 정신적 안정 찾기

정신적 안정은 판단력을 흐리게 하므로, 정기적으로 휴식을 취하는 것이 필요합니다. 일주일에 하루는 반드시 쉬고, 90일마다 7일의 휴가를 보내는 것이 좋습니다. 저는 매일 일하는 삶을 6년 동안 지속하다가 1일을 쉬는 패턴으로 변화를 주었습니다. 이전에는 집중이 안 되던 일이 휴가 이후에는 기하급수적으로 성취가 올라가는 것을 경험했습니다.

| 8 | 과대 광고에서 거리 두기

과대 광고는 집단 사고를 유발하고 잘못된 결정을 초래할 수 있습니다. 성공적인 투자자들은 종종 외부에서 관찰하며 집단 사고에서 벗어나야 합니다. 인스타그램이나 유튜브를 계속 보고 있으면 광고 시스템이 귀신처럼 붙어서 살 수밖에 없게 됩니다. 힘들 때는 핸드폰이나 인터넷을 끄고 나만의 시간을 찾아야 합니다.

|9| 우주가 외치게 하라

모든 아이디어를 기록하기보다는 진정으로 중요한 것만 남기고 기다리는 것이 효과적입니다. 반복적으로 떠오르는 아이디어가 진정으로 중요한 것임을 인식해야 합니다. 사업을 할 때도 중요한 것을 찾은 후 그 중요한 것이 지루해도 계속해내는 사람이 신뢰를 쌓고, 돈을 벌었습니다.

———

위의 9가지 비법은 반짝이는 물체 증후군으로 인한 혼란을 극복하고, 더 나아가 우리의 의사 결정 과정을 체계적으로 개선하는 데 도움을 줄 것입니다. 각 원칙은 단순히 이론에 그치지 않고, 실생활에서의 적용을 통해 실제 변화를 만들어낼 수 있습니다.

반짝이는 물체에 끌리지 않고 본질을 추구하는 삶을 선택하세요. 우리는 모두 변화의 가능성을 가지고 있으며, 이를 위해서는 자신을 돌아보고, 필요한 시스템과 철학을 구축하는 것이 중요합니다. 일상 속에서 작은 변화부터 시작해 보세요. 감정의 흐름을 인지하고, 신중한 결정을 내리며, 진정으로 중요한 것에 집중하는 습관을 기르는 것이 여러분의 삶을 더욱 풍요롭게 만들어 줄 것입니다.

욕망을 조절하는 법부터 배워라

〰️〰️〰️

사업을 어느 정도 궤도에 올렸다고 착각할 때 오류가 일어나는 상위 욕구인 인정 욕구와 자아실현 욕구에 관해서 이야기하겠습니다. 주로 자부심의 형태로 일어납니다.

|1| 인정 욕구

저는 3~4년 전부터 비즈니스 컨설팅 분야와 유통 분야에서 어느 정도 성과를 올렸고, 심지어 매달 수익이 굉장히 높았습니다. 그러고 나서 처음에 시작된 욕구가 인정 욕구였습니다. "나는 이렇게 잘했어, 그러니 인정해줘"라는 이상한 욕구입니다.

인정 욕구가 가장 크게 나타났던 분야는 비즈니스 컨설팅 분야로, 사람들이 써준 후기를 보거나 감사하다는 말, 특히 "덕분에"라는 말에 취하게 되었습니다. 제가 밀었던 신념과도 맞닿아 있어서 합리화하기가 굉장히 좋았습니다. 왜냐하면, 사람들에게 "감사하다"라는 말, "덕분에 이렇게 됐어요"라는 말을 들을 때마다 신념에 가까이 가는 느낌이었기 때문입니다. 하지만 이것은 뒤돌아보면 인정 욕구를 채우고 있는 이상한 형태였습니다.

인정 욕구의 초기 증상은 우선 후기에 취하고 내가 무언가 된 것 같다는 생각이 자리 잡게 됩니다. 그 이후는 컨설팅을 무리하게 하여 너무 혼자 진심이 되어 팩폭도 날리고, 그 팩폭은 왜곡되어 정치에 활용되며 새벽 1~2시까지 컨설팅을 진행하는 무식한 행동을 했습니다. 아내가 제지하면 화가 났습니다. "컨설팅 대표님, 인생 살려야 하는데 무슨 이야기냐고"라며 분노했습니다.

제가 인정 욕구를 깨닫는 데는 3년 정도가 걸렸습니다. 코칭 레벨이 올라감에 따라 점점 사람들이 말을 할 때 자신도 모르는 숨은 의도가 보이기 시작했는데, 그 숨은 의도는 정말 소름 돋게도 말을 하는 본인은 인지하지 못하는 의도였습니다.

① 컨설팅에 올 때 답을 정해놓고 듣는 척하는 부류
② 감사하다, 덕분에라는 말만 하고 행동은 전혀 하지 않는 부류
③ 속으로 질투하고 염탐하며 의도를 숨기는 부류

이런 3가지 유형이 발견되었습니다. 그때 깨달았습니다. 사명을 지킨다는 핑계로 인정 욕구를 채우고 있었고, 그 인정 욕구를 타인이 채워주기는 쉽다는 것을요.

우선 인정 욕구를 채우기 위해서는 "대단하다, 감사하다"라

는 말을 계속하면 됩니다. 그 인정 욕구의 노예가 되어 그 말을 듣고 싶어서 그 사람이 원하는 대로 조종당하게 됩니다. 결국, 코칭이 아니라 끌려가는 형태가 되는 겁니다. 종국에는 주변에 인정 욕구를 채워주는 존재만 남게 됩니다. 여기서 더 치명적으로 인정 욕구가 올라오면, 인정받고 싶어서 직원을 채용하고 자르지 못하는 행위가 일어납니다.

그때부터 저는 인정 욕구가 올라오는 행동이 발각되면 다시 사명을 상기시킵니다. 그리고 그 행위를 왜 해야 하는지 5번 정도 완벽하게 솔직하게 저에게 자문합니다. 다시 생각해 보면 치졸한 인정 욕구가 고개를 들고 저에게 딱 걸립니다. 그래서 그 행위를 하지 않습니다.

아래와 같은 시스템으로 채용이나 협업 능력을 평가할 때는 인정 욕구를 배제하고 일을 진행합니다.

① 적합자가 나올 때까지 채용 금지. 적합자는 뇌의 생각이 일치하고 주인 의식이 있어야 함.

② 적합자가 나타나면 매일 스몰 토크로 세부 목적 목표까지 일치화시키기.

③ 목적이 같고 목표가 같으면 그때 자연스럽게 신뢰가 생김. 신뢰는 호구로 당할 수 있기 때문에 아무한테나 절대 하면 안 됨.

④ 신뢰를 기반으로 책임과 권한을 100% 이양.

⑤ 뇌가 같고 목표가 같고 나와 완전히 다른 능력이 있지만, 그 능력의 전문가 수준이어야 함.

⑥ 적합자가 3명 되는 순간 다른 사람들이 절대 침투할 수 없음.

위의 6가지에 조금이라도 타협하지 않습니다. 이외에는 절대 신경 쓰지 않습니다. 사업을 가장 단순하게 만드는 것에만 집중하고, 복잡성을 증대시키는 인정 욕구는 절대 사업에 들여놓지 않습니다. 단순성에 어긋나는 모든 것을 거절할 때 단순한 사업이 나오게 됩니다.

요약하자면, 인정 욕구를 컨트롤 하지 못하면 생기는 일은 아래 3가지와 같습니다.

① 수강생이 감사하다는 말에 취합니다.

② 인생 자체가 인정을 못 받으면 괴롭습니다.

③ 인정 욕구를 채워주는 직원이나 대표만 달고 다니며 돈까지 주면서 말이죠.

결론적으로, 인정 욕구를 채우기 위해 어떤 대가라도 치르게 됩니다.

| 2 | 자아실현 욕구

인정 욕구가 컨트롤 하게 되면 이제 고개를 드는 것이 자아실현 욕구입니다. 인정 욕구와 같이 찾아오기도 합니다. 이 욕구는 정말 알아채기가 힘듭니다. 꼭 사명을 이루는 것과 같습니다. 이 욕구는 주로 비전보드에 스며들어 있습니다. 비전보드를 보고 "이룰 거야" 하는 것과 자아실현 욕구는 같습니다. 저와 같은 경우 시기상조로 사옥을 올리거나, 시기상조로 외제차를 뽑거나, 시기상조로 공유 오피스를 만들거나, 시기상조로 희귀품을 모으거나 하는 형태로 발동되었습니다.

여기서 '시기상조'라는 말이 중요한데, 너무 빠르게 비전보드가 이루어지게 되면 사업의 시장성이 나락 갔을 때 그 비전보드의 자아실현이 다 없어질 가능성이 큽니다. 그리고 그 자아실현은 단 2주 정도 지속적인 만족을 줄 뿐, 하고 나면 공허해지게 됩니다. 결국, 우리가 자아실현 욕구가 올라오고 행동을 하려고 할 때 떠올려야 하는 것은 사명입니다. '이 행위가 사명에 도움이 되는가? 자아실현에 도움이 되는가?'라는 가치 판단의 경중을 따져 보면 됩니다.

사명은 타인을 향해 있습니다. 예를 들어, 비즈니스의 순수성을 잃지 않게 하는 존재인 제가 갑자기 대학원에 가서 브랜드를 따는 행위를 합니다. 사명을 이루지도 않았고 시작도 안 했는데 다른 방향으로 가는 행위를 하는 것입니다. 2년 전 사옥을 올리기 직전, 벤처 캐피털 MBA에 입학했습니다. 입학하자마자 1달 뒤에 저는 자퇴를 할 수밖에 없었습니다. 사명이 아닌 자아 실현하러 학교에 가고 싶었다는 것을 깨달았기 때문입니다. 또한, 최근에도 대학원에 합격했는데 이번엔 등록금을 내지 않았습니다. 또 자아실현 욕구에 노예가 됐다는 것을 깨달았기 때문입니다. 5년 전부터 포기하지 않았던 공유 오피스 또한 자아실현 욕구라는 것을 최근에 깨달았고, 공유 오피스와 커뮤니티를 중지했습니다.

사명과는 전혀 상관없는 이상한 행위일 뿐이라는 것을 깨닫는 데 9년이 걸렸습니다. 사업이 성공하기 위해서는 인정 욕구나 자아실현 욕구를 넘어 사명에 충실해야 합니다. 초기 사업부터 이런 욕구를 조절할 수 있다면, 저를 넘어 엄청난 사명을 이룰 수 있을 것입니다. 조인트십을 통해 서로의 경험과 지혜를 나누고, 함께 성장하며 진정한 가치를 만들어가는 길을 걸으시길 바랍니다.

조인트십

3장

성공적인 조인트십을 위한
7가지 사고방식

강한 비즈니스는 강한 원칙 위에서 움직인다

~~~~~~

현존하는 가장 강력한 경영 도구인 신념, 사명, 그리고 비즈니스 원칙은 성공적인 경영을 위한 필수 요소입니다. 신념, 사명, 원칙은 비즈니스의 핵심 근간이 되며, 단순한 성공을 넘어 지속할 수 있고 의미 있는 경영으로 이끄는 가장 강력한 무기입니다.

|1| 신념

신념은 당신의 삶의 목적이자 핵심 가치입니다. 이는 비즈니스뿐만 아니라, 함께 일하고 싶은 사람, 협력 관계, 그리고 당신이 세상에 전달하고자 하는 메시지의 중심이 됩니다. 신념은 비즈니스의 영혼이라고 할 수 있으며, 이 영혼이 없이는 사업이 생명력을 잃게 됩니다.

신념의 정의와 중요성

- **일관성**: 브랜딩은 곧 일관성에서 시작됩니다. 일관성을 유지하려면 삶의 목적이 흔들리지 않아야 하며, 이는 곧 신념에서 출발합니다. 당신의 비즈니스가 어떤 방향으로 나

아가야 할지를 명확히 하고, 그 방향성을 지속해서 유지하는 것이 중요합니다.

- **가치 있는 연결**: 신념은 직원, 협력자, 고객 모두와 공통의 에너지를 형성합니다. 예를 들어, 애플의 신념은 "열정을 가진 사람들이 세상을 더 나은 곳으로 변화시킬 수 있다"라는 믿음입니다. 이 신념은 그들의 모든 제품과 마케팅 메시지에 일관되게 반영되며, 이를 통해 고객과 깊은 관계를 형성합니다.

- **스티브 잡스의 사례**: 스티브 잡스는 단순히 컴퓨터를 만드는 회사로 애플을 정의하지 않았습니다. 그는 애플을 "세상을 진보시키는 도구를 만드는 회사"로 정의하였고, 이를 기반으로 전 세계의 고객, 협력자와 에너지를 공유했습니다. 그의 비전과 신념은 애플의 모든 결정과 행동에 영향을 미쳤습니다.

- **신념을 정리하기 위한 질문**:
나는 어떤 가치를 지키며 살고 있는가?
나는 어떤 사람들과 함께 일하고 싶은가?
나의 신념을 바탕으로 세상에 어떤 영향을 끼치고 싶은가?

|2| 사명

사명은 신념을 실현하기 위한 구체적인 존재 방식입니다. 단순한 문장으로 끝나는 것이 아니라, 이를 구체화하고 실행 가능한 전략으로 변환해야 합니다. 사명은 비즈니스의 방향성을 잡아주는 나침반과도 같습니다.

사명을 전략화하는 방법

예를 들어, 구글의 사명은 "세상의 모든 정보를 정리하고, 보편적으로 접근할 수 있게 하며, 유용하게 만드는 것"입니다. 이 사명은 구글의 모든 활동의 기반이 됩니다.

구체적 행동 계획: 사명을 실행하기 위해서는 구체적인 행동 계획이 필요합니다. 예를 들어, 구글은 이 사명을 실현하기 위해 유튜브, 구글 맵, 안드로이드 등 다양한 플랫폼을 인수하며 사명을 실현해 왔습니다. 이러한 구체적인 행동은 사명을 더욱 실현할 수 있게 만듭니다.

사명을 정리하기 위한 질문

나는 신념을 실현하기 위해 어떤 방식을 선택할 것인가?
이 사명을 이루기 위해 어떤 행동과 전략이 필요한가?

사명을 통해 얻고자 하는 결과는 무엇인가?

|3| 원칙

원칙은 당신이 신념과 사명을 지켜나가기 위한 행동의 기준입니다. 이는 타협하지 않고, 모든 의사 결정에서 기준점이 되는 가이드입니다. 원칙이 없으면 상황에 따라 행동이 달라질 수 있으며, 이는 비즈니스의 일관성을 해칠 수 있습니다.

원칙의 핵심 요소

기준 설정: 원칙은 당신이 반드시 지켜야 할 절대적 기준을 명문화한 것입니다.

사례 '솔직한 소통'이라는 원칙은 모든 대화와 협력에서 기본이 됩니다.

구체적 행동화

원칙은 추상적인 개념이 아니라 구체적인 행동으로 실현되어야 합니다.

선입금을 요구하는 대행사를 거절하고, 수익 분배형 모델로 협상한 사례는 '장기적 관점'이라는 원칙을 지킨 결과입니다.

원칙을 정리하기 위한 질문

나의 신념과 사명을 지키기 위해 어떤 기준을 세워야 할까?

어떤 상황에서도 타협하지 않을 행동 기준은 무엇인가?

원칙을 실행에 옮길 때 어떤 도구나 방법을 사용할 것인가?

신념, 사명, 원칙이라는 하드웨어 위에 비즈니스의 소프트웨어(마케팅, 네트워킹, 기술)를 얹을 차례입니다. 이 세 가지 요소는 단순히 비즈니스를 운영하는 데 필요한 기초가 아니라, 지속 가능한 성공을 위한 필수 조건입니다. 그러나 하드웨어가 없는 상태에서 소프트웨어만 주입한다면, 그 비즈니스는 곧 무너질 것입니다. 비즈니스의 뿌리가 튼튼하지 않으면, 어떠한 기술이나 마케팅 전략도 그 효과를 발휘할 수 없습니다.

성공적 비즈니스를 위한 피라미드 구조

하드웨어: 잠재의식, 신념, 사명, 원칙

소프트웨어: 마케팅 도구, 사업 기획, 네트워킹

결과물: 지속 가능한 비즈니스와 개인의 성장

이 구조는 성공적인 비즈니스를 구축하기 위해 필수적인 요소들을 체계적으로 정리한 것입니다. 하드웨어는 비즈니스의 근본적인 가치와 방향성을 제시하며, 소프트웨어는 이를 실현하기 위한 도구로 기능합니다. 결과적으로, 이 두 가지가 조화를 이루어야만 지속 가능한 비즈니스와 개인의 성장을 이룰 수 있습니다.

실행 계획

- **신념 작성**: 나의 핵심 가치를 명확히 정리합니다. 이는 비즈니스의 모든 결정과 활동의 기준이 됩니다. 신념이 분명해야만 그에 따른 전략과 행동이 일관되게 이루어질 수 있습니다.
- **사명 선언**: 신념을 실행하기 위한 존재 방식을 선언합니다. 사명은 비즈니스가 나아가야 할 방향을 제시하며, 팀원 모두가 공유할 수 있는 목표가 됩니다. 이를 통해 모든 활동이 하나의 목표로 통합됩니다.
- **원칙 수립**: 행동 기준을 설정하고, 모든 의사 결정에 이를

적용합니다. 원칙은 비즈니스의 일관성을 유지하고, 신념과 사명을 지키기 위한 지침 역할을 합니다.

실행 계획을 통해, 여러분은 강력한 경영 도구를 활용하여 비즈니스를 운영할 수 있습니다. 신념, 사명, 원칙이 확고히 자리 잡힌 비즈니스는 단순히 수익을 추구하는 것을 넘어, 사회와 고객에게 긍정적인 영향을 미치며 지속 가능한 발전을 이룰 수 있습니다.

결국, 경영의 성공은 단순한 수치의 증가나 단기적인 이익이 아니라, 여러분이 세상에 남기는 영향과 가치로 측정되어야 합니다. 이 세 가지 도구를 통해 여러분의 비즈니스를 더욱 의미 있고 지속 가능한 방향으로 끌어가길 바랍니다.

큰 그림을 보되 작은 실행을 놓치지 마라

사업가로서 신념이 명확하지 않으면 위기를 겪을 때마다 사업이 무너질 수 있습니다. 그러나 당신의 신념이 확고하다면 어떠한 위기에서도 절대 흔들리지 않을 것입니다. 신념은 당신을 움직이는 에너지이며, 이를 통해 몰입할 힘을 얻습니다.

천명은 당신이 해야만 하는 일입니다. 천명을 통해 당신의 가치를 어떻게 전달할 것인지 깊이 생각해보십시오. 신념과 천명이 명확하지 않다면 우리는 결코 다음 레벨로 올라갈 수 없습니다.

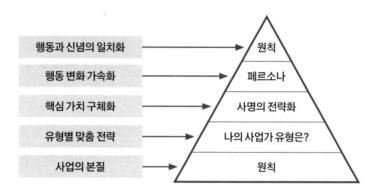

천명과 사명의 차이

- **천명**: 하늘의 뜻, 수동적인 성격을 가집니다. 하늘로부터 부여된 인간이 통제할 수 없는 운명적 요소입니다.
- **사명**: 주어진 임무, 능동적인 성격을 지니고 있습니다. 특정 사회에서 맡겨진 역할이나 책임으로, 구체적인 행동과 실천에 초점을 맞춥니다.

사명은 내가 하는 사업과 매우 가까워야 합니다. 너무 포괄적이면 특정 사업을 하는 것과 거리가 멀어질 수 있습니다. 예를 들어, 에이그라운드의 사명은 "비즈니스의 순수성을 잃어버리지 않게 하는 존재"입니다. 우리는 비즈니스로 고통받는 사람이 없어야 한다고 믿습니다.

따라서, 가계부를 쓰지 않으면 사업을 해서는 안 되고, 사명이 없으면 사업을 해서는 안 되며, 비즈니스 원칙이 없으면 사업을 해서는 안 됩니다. 트리플 시스템 없이는 지속할 수 있지 않으며, 돈에 대한 부정적인 무의식을 알아차리고 긍정적으로 사고해야 합니다.

잠재의식을 마스터하지 않고 감정을 컨트롤하지 않으면 사업을 운영할 수 없습니다. 인간은 환경을 극복할 수 없어서 신체 시스템과 몰입 커뮤니티를 구축해야 합니다. 가족과 연인, 결혼이 행복하지 않으면 사업을 해서는 안 됩니다. 그래서 우리는 잠재의식 코칭 등을 통해 전략을 지속해서 발전시키고 있습니다.

- **비전**: 가장 수치화된 사명을 이루면 이루어지는 결과입니다. 에이그라운드의 비전은 다음과 같습니다.

에이그라운드 비전:
① 가르치지 않고 실전에서 함께 뛴다.

② 교육 후 6개월이 지나면 교육비 1,500만 원을 회수한다. 교육 후 1년이 지나면 매달 1천만 원 이상 수익이 지속적으로 발생한다. 교육 후 2년이 되면 3천만 원 이상의 수익이 발생한다.

③ 매년 수익금의 5%를 대학교의 창업 동아리에 투자한다. 전국 대학교 100곳에 대학 동아리를 만든다.

④ 매년 수익금의 10%를 교육 과정 개발에 투자한다.

- **의도적 스크래치**: 의도적 스크래치는 완벽해야 하는 곳에 의도적으로 스크래치를 넣어 제품이나 서비스의 본질이 더 돋보이도록 하는 전략입니다. 에이그라운드의 의도적 스크래치는 다음과 같습니다

① 교육은 커리큘럼이 완벽해야 한다는 고정관념에 흠집을 냈습니다. 세상이 빨리 변하는데 커리큘럼이 고정되어 있을 수는 없습니다. 따라서, 유기적인 순환을 기반으로 한 예측할 수 없는 커리큘럼을 도입했습니다. 기수마다 아메바처럼 커리큘럼이 바뀌는 방식입니다.

② 한가지 포지션이 아닌 융합 포지션입니다. 쇼핑몰만을 가르치거나 영성만을 가르치지 않습니다. 영성과 마케팅을

융합하여 가르치고, 여러 가지 분야의 사업을 융합하여 팀 스탠퍼드 챌린지를 해서 기적적인 성과를 만들어내기도 하죠.

③ 심지어는 고객에게 가르치지 않습니다. 고객이 역으로 가르치게 만듭니다. 그리고 고객이 가르칠 때 지식이 명확해집니다. 이것을 피어러닝이라고도 부르며 주 1회 배운 것을 가르치게 만들다가 그 가르치는 실마리로 팀 스탠퍼드를 만들어서 말도 안 되는 결과를 만들게 합니다. 나는 배운 게 없는 것 같은 결과가 더 잘 나오는 경험을 하기도 하며, 서로 돕고 돕게 만드는데 돈을 버는 이상한 경험도 하게 됩니다.

에이그라운드의 고객은 2가지로 나뉩니다.

A 고객은 자기계발 인플루언서로 새로운 정보가 필요한 사람들입니다.

B 고객은 인플루언서나 사업을 하고자 하는 고객, 사업을 이미 하고 있으나 문제가 있는 고객입니다.

고객 B를 코칭하고 교육하여 고객 A가 되게 합니다. 그리고 A 인플루언서 고객이 고객 B를 데리고 오면서 선순환 구조를 만들어 나갑니다. 에이그라운드가 추구하는 독보적인 교육적 가치는 사업을 넘어 인생 전반이 개선되는 경험을 제공하는 것이며, 이를 토대로 자기계발 문화를 점유해 나가는 것이 목표입니다.

단순함이 이긴다

3년 전, 저는 에이그라운드라는 시스템을 다양한 분야에 복사하여 적용하려고 시도한 적이 있습니다. 이때 제가 간과한 점은 에이그라운드 자체에 복잡성이 너무 많아 구조적으로 단순성이 결여되어 있다는 것이었습니다. 어떤 분야에 적용할 수 있다는 것은 맞았지만, 전신인 에이그라운드의 복잡성 때문에 다른 분야에 전혀 적용되지 않았습니다.

그 이후, 저는 단순성이 가장 중요한 가치라는 것을 깨닫고 단순함에 집착하기 시작했습니다. 의사 결정을 할 때 복잡한 요소는 모두 제거하려고 노력하며, 구조적으로 복잡성을 단순화할 수 있을 때까지 집착합니다. 이러한 과정 덕분에 구조적 단순화를 이룰 수 있었고, 더 효율적이며 탁월한 결과를 얻고 있습니다.

구조화란 단순하게 프레임을 설정하고, 조직이 하나의 형태의 문화를 가지면서도 개별 역량은 다양하게 유지하는 것을 의미합니다. 이를 통해 규모의 경제를 만들어 나가는 것입니다. 단순함은 우리가 집착하는 타협 불가능한 가치입니다. 이 비즈니스가 단순하지 않다면 우리는 절대 진행하지 않습니다.

예를 들어, 긱어스라는 프로그램을 MVP(최소 기능 제품)로 개발하면서 단순성을 강조했습니다. 우리는 온라인 비즈니스가 절대 클릭 10번 이내에 쉽고 빠르게 가동될 수 있도록 타협하지 않겠다고 다짐했습니다. 이 10번의 클릭은 매우 단순해야 하며 따라하기 쉬워야 합니다. 우리는 이 단순성의 가치에 절대 타협하지 않습니다.

구조는 복잡해 보일 수 있지만, 실제로는 더 많은 것을 자유롭고 단순하게 만들어줍니다. 예를 들어, 저희는 사명을 정하고 그 사명에 기반한 전략화 시스템을 개발했습니다. 그리고 그 한 문장의 구조 안에서만 비즈니스를 운영합니다.

사업의 전략화라는 개념을 예로 들면, "비즈니스의 순수성을 잃지 않게 하는 존재"라는 한 문장을 만들었다고 가정해 봅시다. 이 구조화된 한 문장을 통해, 전략화는 "어떻게 이것을 만들까?"라는 질문에만 집중하면 됩니다. 이후에는 "어떻게"를 넘어 구조를 적용하여 구조화를 진행합니다. 예를 들어 보겠습니다.

무슨 프로젝트인가?

비즈니스의 순수성을 잃지 않게 하기 위해 대학교 동아리에 침투하는 프로젝트입니다.

목적은 무엇인가?

대학 교육을 동아리에서 대체하는 탈대학화입니다.

이것이 가져올 변화는 무엇인가?

대학교에 가는 것이 필수가 아닌 선택이 됩니다. 대학교에 다니다가 동아리에 참여하면 대학 교육의 의미가 사라지게 됩니다.

최상의 결과는 무엇인가?

대학교 창업 연합 동아리가 구축되고 긱어스에 편입됩니다.

최악의 결과는 무엇인가?

행동하지 않으면 대학 교육이 주입식 교육에 머무르고, 대학생들이 꿈과 자기가 원하는 삶을 살 수 없게 됩니다.

성공의 기준은 무엇인가?

이 프로젝트가 끝나면 "대학교는 선택이다"라는 전제가 사실이 되어야 합니다.

이러한 방식으로 구조화하면 단순성을 극대화할 수 있습니다. 이 구조와 단순성에 위배되는 어떤 것도 타협하지 않습니다. 이는 타협 없음이 적용되는 것입니다. 구조적으로 탁월한 것은 구성원 개개인이 탁월한 것보다 훨씬 더 뛰어난 결과를 만들어냅니다. 구조적 단순함은 이러한 이점을 극대화할 수 있게 해줍니다. 그래서 우리는 매 순간 구조적 단순함을 추구합니다. 구조적 단순함은 조직과 고객 모두에게 이득을 가져옵니다. 조직 구조와 업무가 단순해질수록 조직의 효율은 높아지고, 구성원은 고객에 집중할 수 있습니다. 고객은 복잡한 제품보다 단순하고 명확한 제품에 더 끌립니다.

우리가 "온라인 비즈니스를 클릭 10번 안에 쉽고 재밌게"라는 슬로건 대신 "여기는 유튜브도 되고, 잠재의식도 되고, 행동도 되고, 퍼널도 인스타도 되는 곳이에요"라고 말하면 복잡성이 증가하여 고객이 싫어하게 됩니다. 그렇기 때문에 우리는 매 순간 구조적 단순함을 추구합니다. 고객은 단순함에 끌리고 몰입하게 됩니다. 우리의 목표는 고객이 우리의 서비스와 제품에 몰입하도록 만드는 것입니다. 따라서 단순함은 절대 타협할 수 없는 가치입니다. 우리의 목표는 비즈니스가 복잡해질수록 더 단순하게 만들어야 한다는 것입니다.

이러한 특징은 에이그라운드의 교육 과정에서 가장 잘 나타납니다. 우리는 약 2달간 기술적 도구에 대한 이야기를 하지 않습니다. 우선, 마음 상태를 백지로 만드는 잠재의식 교육과 사명을 설정하여 모든 인생과 사업에서 단 한 문장을 도출하는 것에 집착합니다. 이 고찰의 수도승 같은 기간이 끝나고 단순한 한 문장이 설정되는 순간, 모든 복잡성이 제거된 상태에서 그 문장 하나를 이루기 위한 모든 방법을 동원합니다.

그리고 그 기획을 잡는 데 몇 주를 소요합니다. 사업이 시작되기 전 결과를 미리 만들어 놓는 것입니다. 이후에는 그들에게 자기 스타일로 해법을 찾고 실행할 자유를 줘야 합니다. 당신의 방식을 강요하거나 참견하지 않을 때, 그들은 능력을 발휘하고 더욱 높은 성과를 내게 됩니다. 사실, 저는 아직도 아래의 후기가 왜 나오는지 디테일을 알지 못합니다.

자기결정이론을 기반으로 자기유능감을 향상시키고, 일하는 방식의 효율성을 끌어내며 긍정적이고 의미 있는 관계를 구축했습니다. 우리는 철저하게 사명에 따라 한 문장에서 벗어나지 않도록 하며, 사업을 단순하게 구조화하는 데 집중했습니다. 그 이후에는 자율성을 높이면서도 목표를 사명으로 구체화하고, 고객이 자연스럽게 우리의 메시지를 전달하도록 전략을 만들고 방법을 찾는 것은 책임자가 전적으로 권한과 책임을 가지고 이행하게 됩니다.

우리가 성공하지 못하는 유일한 이유는 사명이 명확하지 않아서이며, 그 사명을 철학적이고 심리학적으로 명확하게 표현하지 못하기 때문입니다. 사명이 불분명하면 사람들의 정체성이 흐려지고 뚜렷한 목적을 가질 수 없습니다. 일을 어떻게 할지 설명하는 것은 리더의 역할이 아닙니다. 그 일을 어떻게 할지 정하는 것은 책임자의 역할입니다. 그들에게 필요한 것은 결과의 명확성, 사명의 명확성, 그리고 완료된 프로젝트를 생생하게 상상하게 해주는 리더의 역할입니다.

　우리는 단순함이라는 무기로 불필요한 체계와 업무를 제거해 나갑니다. 업무를 단순하게 만들기 위한 모든 수단을 활용하며, 비즈니스의 복잡성을 증대시키는 어떤 작은 행위도 절대 타협하지 않습니다. "우리도 다른 곳처럼 체계가 필요해요"라는 말은 쓰레기 말이라고 표현합니다. 이런 것은 복잡성만 증대시킵니다. 우리는 명확한 사명과 우리의 가치관을 통해 비즈니스를 운영하며, 다른 사람들의 시선이나 생각에는 전혀 관심을 두지 않습니다. 조직이 성장할수록 목표와 제품 외적인 것에 집중하지 않으며, 이런 행위는 단 한 가지도 단순함의 원칙에서 용납되지 않습니다.

　최근 마스터마인드 35기에서 6명 중 3명이 컨설팅비를 회수했습니다. 그러나 35기는 총 12주 과정 중 5주밖에 진행되지 않았고, 사업 구조 설계조차 하지 않았습니다. 이는 단순함의 원칙을 지켰고, 타협하지 않았기 때문입니다. 비즈니스의 문제는 본질적으로 단 한 가지, 즉 단순함에 있습니다. 이런 방식으로 접근하면 아이디어가 실패할 가능성이 줄어듭니다. 단순성, 사명 한 줄, 그리고 구체적 결과가 명확하다면 모두가 몰입할 수 있게 됩니다. 이를 통해 성공을 위해 무엇에 집중해야 하는지, 무엇이 부족한지를 알 수 있습니다.

또한, 단순함을 무기로 가지면 조직의 효율성, 주인의식, 창의성이 증대됩니다. 동기부여는 명확성과 단순성이 극대화되어야만 이루어집니다. 그리고 불평하는 사람은 조직에 들어오지 못하도록 막아야 합니다. 높은 자율성, 명확한 목표, 그리고 결과에 대한 정기적인 피드백이 주어질 때 성과는 급증합니다. 사전에 목표의 수준, 책임, 결과를 구체적으로 이해하고 합의했다면, 우리가 해야 할 일은 책임자에게 충분한 신뢰를 주고 적극적으로 서포트하는 것입니다.

이렇게 단순해지면 의사 결정 과정이 줄어들어 의사 결정 능력이 향상되고 생산성은 극대화됩니다. 책임자가 해야 할 일도 명확해집니다. 예를 들면, 저는 요즘 글을 쓰는 것 외에는 딱히 하는 일이 없습니다. 글쓰기만 집중해서 합니다. 심플하죠. 유튜브 책임자는 유튜브만 하고, 퍼널 시스템 설계자는 퍼널 시스템만 하며, 세일즈 담당자는 세일즈만 합니다. 이러한 신뢰를 바탕으로 한 업무적 자율성은 책임자의 주인의식과 창의력을 발현시킵니다.

돈을 다루는 법을 모르면 돈이 당신을 다룬다

혹시 돈은 잘 벌리는데, 이상하게도 돈이 계속 없어지거나 원인을 알 수 없이 돈을 모을 수 없는 상황을 겪고 계시는가요? 아래 글을 읽어보시면 왜 이런 일이 발생하는지 명확히 이해하게 되실 겁니다.

저는 2017년에 사업을 시작한 지 불과 2주 만에 2천만 원의 매출을 올렸고, 이후 월 매출 2억 원까지 경험했습니다. 그러나 이상하게도 돈이 모이지 않는 기이한 현상을 겪었습니다. 항상 돈을 벌면서도 마치 밑 빠진 독에 물을 붓는 것처럼 돈이 사라지는 패턴이 20년 넘게 반복되었죠. 문제가 있다는 건 알았지만, 그 원인이 무엇인지 도저히 파악할 수 없었습니다. 그래서 유튜브를 보거나 강의를 듣고, 책을 읽으며 이 문제의 근원을 파헤치기 시작했습니다.

그 과정에서 자본주의와 돈의 의식에 관한 책을 탐독하고 자료를 조사하다가, 돈에 대한 본질적인 통찰을 얻게 되었고, 제 인생은 급격히 변화하기 시작했습니다. 저는 다음 세 가지 중요한 깨달음을 얻었습니다.

① 돈은 특정한 법칙과 규칙에 따라 흐른다.
② 돈에 대한 잠재의식이 부의 축적을 결정한다.
③ 돈은 다른 사람의 돈을 가져오는 방식으로만 생길 수 있다.

이 세 가지 본질에 집중하기 시작하면서, 돈이 더 많이 벌리고 더 잘 축적되는 경험을 하게 되었습니다.

|1| 돈의 흐름과 법칙

돈은 특정한 법칙과 규칙에 따라 흐릅니다. 여기서 제가 흥미롭게 느꼈던 사실 중 하나는 하나은행 금융연구소의 발표 내용입니다. 10년간 자산 100억 원 이상, 현금 10억 원 이상을 보유한 부자들의 사고방식을 조사했는데, 그들은 돈이 단순히 편리한 도구라고 생각하지 않았습니다. 그들에게 돈은 "행복과 편안함" 그 자체였습니다. 즉, 돈에 대한 긍정적인 믿음이 그들의 부를 만든 것이죠.

하지만 저 자신은 돈을 나쁘게 바라보는 무의식적인 믿음 때문에 스스로 성공을 방해하고 있었습니다. 이 문제를 해결하려면 먼저 자신이 어떤 사람인지, 무엇을 좋아하는지, 그리고 그것으로 어떻게 돈을 벌 수 있을지 고민해야 합니다.

자신에게 던져야 할 질문들

- **꿈**: 무한정 시간과 돈이 있다면 무슨 일을 할 것인가?
- **가치**: 나에게 가장 중요한 것은 무엇이며, 그 이유는 무엇인가?
- **목표**: 무엇이 되고 싶은가? 무엇을 하고 싶은가? 무엇을 갖고 싶은가?
- **전략**: 내가 원하는 것을 성취할 지식, 능력, 계획하고 있는가?

이 질문들을 매일 던지고, 하루하루 더 나은 대답을 찾아가며 실천하세요.

| 2 | 돈의 잠재의식 바꾸기

돈에 대한 잠재의식을 긍정적으로 전환하는 것이 중요합니다. 예를 들어, 아래와 같이 긍정적인 믿음을 매일 적고 말하는 습관을 들여 보세요.

"1년 안에 나는 5억 원을 모을 것이다."

"나는 돈을 벌 수 있는 구체적인 방법을 찾고 있으며, 그것을 실천하고 있다."

"돈은 에너지이며, 나의 에너지가 긍정적일수록 자연스럽게 불어난다."

이와 같은 선언은 잠재의식을 긍정적으로 변화시키는 데 큰 도움을 줍니다.

|3| 돈은 가치 제공의 결과물이다.

돈은 다른 사람에게 가치를 제공함으로써 생깁니다. 여기에는 두 가지 방법이 있습니다.

① 소수에게 큰 가치를 제공한다. (예: 고급 레스토랑)
② 다수에게 작은 가치를 제공한다. (예: 패스트푸드)

사업을 확장하려면 더 많은 사람에게 가치를 제공할 방법을 찾아야 합니다. 예를 들어, 국밥집을 운영하는 사람이 밀키트를 개발해 판매한다면, 더 많은 고객에게 가치를 전달할 수 있습니다.

|4| 돈의 흐름과 설계

돈은 고정된 자원이 아니라 끊임없이 생겨나고 움직이는 흐름입니다. 이 흐름을 이해하고 설계하는 것이 중요합니다. 돈이 흐르는 법칙과 패턴을 이해하세요. 변화하는 패러다임 속에서 새로운 기회를 찾아 깃발을 꽂으세요. 자신의 에너지(건강)와 전문성을 활용해 지속 가능한 가치를 만들어내세요.

돈과 성공은 단순히 운이나 노력의 결과물이 아닙니다. 다음 네 가지를 가슴에 새기고 꾸준히 실천해 보세요.

① 돈에 대한 긍정적인 의식을 매일 유지하라.
② 나로부터 가치를 받은 사람의 수 × 그 가치의 크기 = 돈
③ 에너지(건강) → 가치(전문성 × 정확성 ÷ 이타성) → 신용 → 돈
④ 패러다임 변화 속에서 빈 공간을 찾아 깃발을 꽂아라.

이런 방식으로 돈의 의식을 바로잡은 다음에는 실천 사항으로 가장 중요하면서도 간과할 수 있는 사항이 있습니다. 하지만 단언컨대 이 행위를 하지 않고서는 절대로 돈을 축적할 수가 없

습니다. 월에 1억을 벌든 10억을 벌든 똑같습니다.

바로 가계부를 쓰는 것입니다. 저는 빚 2억을 다 갚고도 다시 돈이 축적되지 않았습니다. 너무 무섭게도 저는 돈을 더 많이 벌수록 더 쓰고 있는 저 자신을 발견하게 되었고, 무엇이 문제인지 찾다가 위의 돈의 의식과 가계부를 쓰는 경제 관념을 배운 적이 없다는 것을 깨달았습니다.

가계부를 쓰면서 깨닫게 된 사실은 다음과 같습니다.

① 대부분의 사람은 본인의 경제적 문제를 수입이 적어서라고 생각하지만 실제로는 돈을 잘못 쓰고 있기 때문이다.
② 지금 벌고 있는 돈을 잘 관리하는 것만으로도 충분히 많은 돈을 모을 수 있다.
③ 돈은 내가 생각한 공식이나 법칙으로 불어나지 않고 더 빠르게 눈덩이처럼 불어난다.
④ 지금의 수입 관리도 제대로 하지 못한다면 결국 큰돈을 벌게 되었을 때 관리할 수 있는 능력이 없게 된다.

주로 사업을 하면 더 벌면 되지라는 관점을 가지고 있고, 이상한 주변의 부자들은 다양한 방식이 있습니다. 하지만 "돈을 쓰면 돈이 들어온다"라는, 돈을 더 벌면 된다는 사고의 결과, 저는 더 많이 벌기는 했지만, 더 많이 축적하지는 못했습니다.

대한민국에서는 성인 10명 중 1명만 경제 교육을 받고, 대부분 돈을 관리하는 법이 습관화되지 않은 채로 교육을 받았습니다. 따라서 아무리 돈을 잘 벌어도 돈을 그만큼 쓰는 것이 이상하지는 않습니다. 우리의 잘못이 아닌 한국 사회의 잘못된 시스템 때문입니다. 따라서 사업을 잘하는 것보다 돈을 관리하는 것에 더 많은 에너지를 써야 합니다. 많이 벌면 이 정도는 써도 되겠지 하고 돈을 쓰지만, 전혀 돈을 모을 수가 없습니다.

제가 처음 가계부를 쓴 것을 기억하는데, 그때 내가 무의식적으로 책을 계속 사고 있고 커피를 중독처럼 먹으며 돈을 벌면 고액의 강의를 무의식적으로 결제하고 있는 것을 발견했습니다. 그리고 월급 통장, 용돈 통장, 예비비 통장, 저축 통장을 나누고 신용카드를 다 자르고 각각의 통장에 월급을 넣고 그 이상을 쓰지 않는 행위를 약 3개월만 해봤는데 1억이라는 돈이 3개월 만에 모였습니다.

더 버는 것보다 더 줄이는 것을 먼저 습관화를 하고 돈을 버는 강의나 투자 부동산 사업을 해야 하는 것이었습니다. 가계부는 부를 만들어가는 도구입니다. 단순히 지출을 기록하는 데 그치지 않고, 지출 통제와 합리적 소비를 통해 종잣돈을 모으고 이를 투자로 연결해야 합니다.

1. 지난 가계부 작성하기

가계부의 시작은 3개월 전의 지출 명세를 분석하는 것입니다. 이를 통해 소비 패턴과 돈이 모이지 않는 이유를 파악할 수 있습니다. 필요한 자료(통장, 카드 명세 등)를 준비해 지출과 수입을 기록하고, 고정 지출과 변동 지출을 구분합니다.

2. 고정·변동 지출 관리

고정 지출인 통신비, 대출 이자 등 고정적인 항목을 합리적으로 줄입니다. 변동 지출인 식비, 쇼핑 등 유동적인 항목은 생활 습관을 바꿔 효과적으로 줄입니다. 월급에서 지출을 뺀 나머지가 종잣돈이 되므로, 이를 최대화하는 것이 목표입니다.

3. 지출 줄이기와 수입 관리

지출은 서서히 줄이고, 수입이 늘어나도 지출 수준을 유지합니다. 통장을 4개(월급, 변동 지출, 저축, 예비비)로 나눠 관리하면 효율적입니다.

4. 목표 설정과 결산

구체적인 목표(예: 1년 안에 5,000만 원 모으기)를 세우고, 매달 결산을 통해 성과를 점검합니다. 결산 과정에서 고정 지출과 변동 지출을 확인하고 예산을 조정합니다.

저는 이것을 깨닫는 데 6년이나 걸렸습니다. 부디 반드시 가계부를 작성하고 최소 3개월~1년을 습관처럼 하면 부의 축적을 원활하게 하실 수 있을 겁니다.

파트너는 찾는 것이 아니라 서로 증명하는 것이다

레버리지가 환상인 이유 두 가지에 대해 알아보겠습니다. 저는 7년간의 사업 기간 동안 빚을 2억 원이나 지기도 하고, 수십 개의 사업을 벌리며 실패와 성공을 반복하면서 깨달은 몇 가지 사실이 있습니다. 월 수익이 2억 가까이 나오기도 하고, 연간 14억의 매출을 올리기도 했지만, 두 번이나 망했습니다.

처음 몇 번 돈을 잃었던 것과 지금의 차이는 바로 이 규칙들 덕분입니다. 그래서 여기에서 돈을 벌고 지키는 데 대한 솔직한 조언을 해보려고 합니다.

| 1 | 레버리지는 거짓말이다.

초기에 레버리지 기술이 없는 상태에서 상대에게 어떤 일을 맡겼다가 망한 사례를 수도 없이 봤고, 저 역시 정말 많이 경험했습니다. 돈이 어떻게 만들어지는지 생각해 보면 우리는 시간을 통해 돈을 버는 것입니다. 우리가 살아있는 매 순간이 지나가고 그 시간 동안 돈을 벌기 때문에, 지구에 있는 모든 사람은 시간당 얼마를 버는 것입니다.

제가 사업에서 더 많은 돈을 벌기 시작한 건 레버리지에 집착할 때가 아니라, 내공을 장기적 시각으로 키울 때였습니다. 자신에게 이런 계약서를 쓸 수 있다면 돈을 벌 수 있습니다. 여러분은 10년 안에 인생을 바꿀 만큼 엄청난 부를 이룰 수 있지만, 10년 동안에는 돈을 벌 수 없습니다. 만약 10년째 되는 해에 0이라는 숫자를 한두 개 추가할 수 있다면? 1억을 버는 게 10억, 100억이 된다면 하시겠습니까?

이건 제가 사내 기업가를 선별하는 기준이기도 합니다. 지금 당장 너무 좋아하고 돈을 크게 벌지 못하더라도, 10년 뒤에 그것의 가치를 알아보는 사람들입니다. 이것에 대해서 진심으로 '예'라고 대답하고 실제로 행동할 수 있다면, 정말 훌륭하다고 말해주고 싶습니다.

당신이 10년 뒤에 이 금액을 벌 수 있다고 확신하고 있다면, 지금 하는 월 천만 원, 얼마의 매출 등에 집착을 멈출 수 있을 겁니다. 10년에 10배, 그리고 그 기간 이후에는 복리로 작용할 것이라는 확신이 드는 순간, 저는 장기적인 베팅을 하기 시작했습니다. 단기적인 베팅에는 관심이 없어졌습니다. 이것은 사업 초기에 하는 것이 가장 좋습니다. 단기적 시각으로 저처럼 5년 이상 일을 벌여놓으면, 수술이 거의 암 수술입니다. 여러분은 돈을 잃지 말고 사업 초기에 장기적 시각을 갖추길 바랍니다.

제가 저지른 가장 심각한 실수는 사업 파트너십에서 실패한 것입니다. 10명이 넘는 사업 파트너십에서 실패했고, 수익을 잃었습니다. 저는 요즘 사내 기업가를 뽑을 때 이것을 기준으로 합니다. 탐험가를 뽑는 것처럼 동료를 찾습니다.

보잘것없는 수입

- 10년 동안 돈을 못 벌 수도 있습니다.
- 돈을 벌어도 위험해질 수 있습니다.
- 실패를 각오해야 합니다. 실패할 가능성이 큽니다.
- 안정성을 보장할 수 없지만, 성공한다면 10년 뒤 수입에 0이 2~3 개 더 붙어 있을 겁니다.

이 조건을 모두 수락한다면, 내면의 순수성을 가져야 합니다. 진짜 10년 뒤에 0이 몇 개 더 붙을 것이라고 믿는 사람은 순수한 사람 외에는 없습니다. 그리고 장기적 관점을 가질 수 있는가입니다. 순수함과 장기적 관점을 가지려면 인내심이 커야 합니다. 세 번째로 신념과 사명이 공명하는가입니다. 진심으로 이 신념이 이루어지는 것을 함께 원하느냐, 아니면 원하는 척하는가가 파트너십의 조건입니다.

구글은 1만 명을 면접 보고 1명을 뽑았다고 합니다. 그만큼 인적 레버리지는 난이도가 극강입니다. 또한, 사업은 혼자 할 수 없습니다. 그런데 사업 초짜가 레버리지 책 한 권 읽었다고 레버리지를 할 수 있을까요? 절대 할 수 없습니다.

비즈니스 강의에서 절대 배울 수 없는 것이 하나 있습니다. 사람들과의 협업 문제와 직원 문제입니다. 이건 직원을 뽑고, 동업하고, 부딪혀 봐야 알 수 있습니다.

에이그라운드 코칭에서 연습하는 것

- 팀 협업 연습: 팀 챌린지, 스탠포드 챌린지로 이타성 훈련
- 실제 협업 구조 세팅하고 수정, 보완, 수정, 보완 무한 반복(김서한과 직접 구조 세팅하고 직접 일함)

이렇게 훈련하면 시간을 5년에서 1년으로 줄일 수 있습니다.

| 2 | 배움에 대한 투자

사업 초기에 배우지 않고 경험 없이 레버리지를 하는 순간 망합니다. 그리고 그 배움의 가치는 보이지 않아서 내 생각대로 모든 게 흘러갈 것 같습니다. 배움에 대해 투자를 하지 않은 사람들, 특히 유튜브만 보고 사업 경험도 없는 사람들이 레버리지를 한다고 나서면 크게 당합니다. 사업 초기, 중기까지는 주식과 부동산에 투자하는 것도 좋지만 자기 자신에게 투자해야 합니다.

저는 10억 이상을 국내외 교육을 듣고 사업을 벌이고 실패하고, 사람을 뽑고, 배신을 당해보는 과정에 비용을 지출했습니다. 교육비 4억, 인적 레버리지 실패 비용 4억, 잘못된 사업 투자 2억 등등. 거기에서 얻은 자산은 수백 개의 직간접적인 사업 지식, 다양한 사람들의 마음을 읽을 수 있는 능력, 사업 파트너를 귀신처럼 찾아내는 능력, 여러 사업 분야를 융합해 결과를 내는 능력 등입니다.

어떤 사람은 이 능력 없이 부동산을 사거나 주식을 사서 4억을 벌었다고 칩시다. 10년 뒤에는 어떤 사람이 이길까요? 자산 4억이 남았고, 지출이 4억 남았지만, 자신에게 투자한 사람은 10

년 뒤에 가치가 0이 1~2개 더 붙어 있을 겁니다. 따라서 사업 초기, 중기에는 돈을 잃더라도 자기 자신에게 투자해야 합니다. 결국, 당신이라는 자산은 항상 어떤 주식과 부동산을 이깁니다. 인내심을 가져야 합니다. 인내심이란 우리가 무엇을 할 때, 무엇을 할 것인지 정하고 그것을 지키는 것입니다. 부자가 되려면 돈은 복리로 10년 정도의 시간이 걸린다는 것을 인정해야 인내심을 가질 수 있습니다.

4억을 교육비로 쓴 사람이 알려준 배움에 대한 투자를 결정할 때의 기준점

① 20~30대는 기술, 도구 강의에 투자할 만하다.

② 40대 이상은 20~30대 때의 레버리지 경험을 토대로 기술과 도구에 강자를 고용해 버린다.

③ 강의를 듣는 건 유튜브에 다 나와 있다.

④ 지속해서 사소한 의사 결정, 큰 의사 결정을 함께 해줄 멘토가 필요하다.

⑤ 멘토의 기준은 서로 영혼이 일치해야 한다. 내가 가본 길을 먼저 가봐야 한다. 성공만 한 천재는 절대 고르지 않는다. 실패를 통한 내공과 통찰이 많아야 누구를 가르칠 때 정확성이 올라간다. 천재는 당신을 이해하지 못한다.

⑥ 현업 플레이어는 당신을 봐줄 시간이 없다. 바쁘다. (용돈 벌이 거나, 일시적 본인의 재무 향상을 위한 코칭, 강의일 확률이 높다.) 이 사람들은 당신에게 일시적인 도움만 준다. (그런데 요즘은 이 사람들이 역으로 다른 말을 하지만, 팩트는 어쩔 수 없다.)

성장은 점진적이지만 폭발하는 순간이 온다

누군가는 매달 꾸준히 수익이 오르는데, 누군가는 한 달 만에 10배 성장을 이루죠. 이 차이, 궁금하지 않으세요? 비즈니스 성장 방식의 차이와, 이를 구분하는 핵심 원리인 플라이휠 시스템에 관해 이야기해 보려고 합니다. 비즈니스 성장에는 두 가지 유형이 있습니다. 더 큰 성장을 이루는 것은 기하급수적 성장이며, 플라이휠 시스템은 이를 가능하게 합니다.

|1| 선형적 성장

매일 조금씩 꾸준히 성장하는 비즈니스입니다.

예를 들어, 매일 일정한 매출이 조금씩 오르는 형태로, 빠르게 변화하기는 어렵습니다.

|2| 기하급수적 성장

작은 시작이라도 시간이 지날수록 빠르게 성장하는 비즈니스 모델입니다.

눈덩이가 굴러가며 커지는 것처럼, 한번 속도가 붙으면 큰 성장을 이룰 수 있습니다.

- **플라이휠이란?** 플라이휠은 한번 돌기 시작하면 점점 더 빠르게 돌아가는 큰 바퀴를 의미합니다. 에이그라운드에서 팀 스탠퍼드 챌린지를 하는 것과 유사합니다.

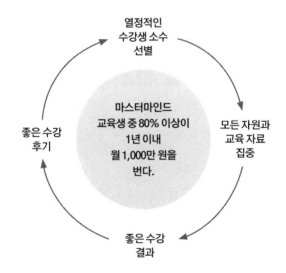

기하급수적인 성장을 이루는 비즈니스는 이 플라이휠처럼, 작은 성공이 쌓일수록 더 빠르게 커지는 구조입니다. 아마존, 구글, 우버 등의 기업이 이러한 플라이휠 시스템을 통해 빠르게 성장했습니다. 현재 여러분들이 누군가의 성공을 부러워하고 있는데 사업의 구조가 선형적이라면 절대 부러워하실 필요가 없습니다. 그 성공을 구분하는 기준이 바로 플라이휠이 있냐 없냐의 차이일 뿐이기 때문입니다.

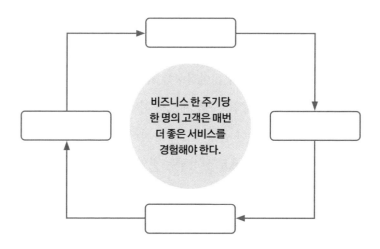

플라이휠의 사례

프라이휠 시스템이란 어느 한 개가 좋아질 때마다 더 빠르게 회전하고 증가가 일어날 때마다 점점 커지므로 기하급수적으로 성장하는 것입니다.

네트워크 효과: 페이스북, 카카오톡

네트워크 효과는 어떤 상품이나 서비스의 사용가치가 그 상품이나 서비스를 쓰는 사람들이 많아질수록 커지는 것을 뜻하는 용어로, 많은 소셜네트워크 기업의 핵심 전략입니다. 예를 들어 카카오톡이 빠른 속도와 다양한 기능을 제공하기는 하지만, 우리가 카카오톡을 쓸 수밖에 없는 가장 큰 이유는 주변 사람들이 사용하기 때문일 것입니다.

이러한 네트워크 효과 역시 플라이휠로 설명할 수 있습니다. 자신과 연결되는 사람이 많아질수록 유저가 느끼는 가치는 커지고, 유저의 가치가 커질수록 새로운 사람들이 서비스에 유입됩니다. 그렇게 간단한 플라이휠이 동작하는 과정이 반복되면서 지배적인 SNS 기업으로 성장하는 것입니다.

플랫폼 효과: 트위터, 링크드인

트위터와 링크드인 역시 페이스북이나 인스타그램과 마찬가지로 소셜 서비스라고 불립니다. 그러나 저는 이들의 성장 과정이 네트워크 효과보다는 플랫폼 방식에 가깝다고 생각합니다. 네트워크 효과를 가지는 기업은 한 가지 종류의 유저를 갖고 있지만, 트위터나 링크드인은 플랫폼 기업과 같이 두 가지 종류의 유저를 갖고 있기 때문입니다.

　우선 트위터의 유저들은 연예인, 정치인과 같은 유명인을 좇아 서비스에 유입됩니다. 그렇게 이용자가 많아질수록 점차 많은 유명인이 트위터에서 자기 생각을 공유하게 되고, 이에 따라 유저 가치가 증가하는 플라이휠이 구축된 것입니다. 마치 유명인이 공급자 역할을 하고, 일반인이 소비자 역할을 하는 플랫폼 기업인 셈입니다.

　비즈니스 네트워크 서비스 링크트인의 플라이휠도 유사합니다. 링크트인에는 자신의 이력서를 관리하고 인사이트를 공유하는 사람(소비자)과, 직무와 경력에 따라 인재를 찾고 채용을 제안할 수 있는 HR 담당자(공급자)가 존재합니다. 링크트인 내에서 이루어지는 채용 제안이 많아질수록 이용자는 더 큰 가치를 느끼고, 더 큰 가치를 느낄수록 더 많은 트래픽이 발생합니다. 그렇게 구직자가 늘어나면 이들을 타깃으로 하는 HR 담당자 역시 증가하고, 이는 다시 더 많은 채용 제안으로 이어집니다.

구글

단계: 더 많은 사용자 → 광고 증가 → 데이터 축적 → AI를 통한 양
질의 정보 제공

사용자가 구글을 더 많이 사용할수록 구글은 더 많은 데이터
를 얻어 양질의 검색 결과를 제공하게 됩니다. AI는 이를 통해
더 양질의 정보가 재조합되어 사람들은 구글에 계속 머물 수밖
에 없고 광고는 붙는 시스템입니다. 이는 구글의 성장을 더욱
가속합니다.

우버

단계: 이용자 증가 → 운전사 증가 → 대기 시간 감소

우버는 이용자가 늘어날수록 운전사도 함께 증가해 더 빠르
게 서비스를 제공할 수 있습니다. 이는 고객 만족도를 높이고
우버의 성장을 촉진합니다.

에어비앤비

공개된 플랫폼에는 아마존, 에어비앤비, 유튜브 등이 있는데, 이들의 플라이휠은 대부분 유사합니다. 예를 들어 세계 최대의 숙박 공유 플랫폼인 에어비앤비에는 자신의 거주지를 등록하는 호스트와 이를 이용하는 투숙객이 있습니다.

더 많은 숙박 옵션이 있다면 고객이 느끼는 가치는 올라가고, 점차 많은 사람이 숙박을 알아볼 때 에어비앤비를 이용할 것입니다. 그렇게 소비자가 늘어나면 보다 많은 호스트가 에어비앤비에 자신의 숙소를 등록하게 되고, 이는 다시 더 많은 옵션으로 이어져서 플라이휠이 완성되는 것입니다. 그리고 그 과정에서 성장하는 에어비앤비는 추천이나 할인 등을 통해 고객 가치를 높일 수도 있습니다.

넷플릭스

대표적인 통제된 플랫폼으로는 넷플릭스와 같은 OTT 서비스가 있습니다. 넷플릭스는 많은 콘텐츠를 직접 제작하지 않고 공급자와 계약하여 콘텐츠를 수급합니다. 그러나 이러한 통제된 플랫폼에 적용되는 플라이휠도 크게 다르지는 않습니다.

제공되는 영상 콘텐츠가 많을수록 고객 경험은 증가하고, 이는 더 많은 트래픽으로 이어집니다. 그리고 더 많은 트래픽은

넷플릭스의 협상력을 높여서 보다 많은 콘텐츠가 저렴한 가격에 공급될 수 있도록 만들어 줍니다. 넷플릭스 역시 이러한 플라이휠을 잘 굴려온 덕분에 경쟁력 있는 콘텐츠를 수급 및 제작할 수 있었고, 많은 OTT 서비스가 적자에 허덕이는 가운데 영업이익을 내는 기업이 되었습니다.

가격 경쟁력: 삼성 메모리 반도체, 중국 전자제품

제품을 많이 판매할수록 생산 단가는 낮아집니다. 생산 단가가 낮아지면 가격을 더 낮출 수 있고, 가격을 낮추면 소비자는 더 저렴한 가격이라는 가치를 얻을 수 있습니다. 그렇게 판매량이 늘어나는 플라이휠이 구축되는 것입니다. 삼성은 이와 같은 전략으로 메모리 반도체를 키워나갔고, 현재 메모리 반도체 분야에서 가장 높은 시장 점유율을 달성했습니다. 중국의 많은 스마트폰 제조회사 역시 비슷한 구조의 플라이휠을 굴리며 낮은 가격으로 많은 생산량을 확보하였고, 빠르게 기업을 키워나갈 수 있었습니다.

제품 생태계: 애플

세계 최대 기업 애플도 제품의 판매량이 많아지자 반도체 생산을 TSMC에 위탁하고, 휴대폰 생산을 폭스콘에 위탁하는 등 생산 과정을 체계화하여 단가를 낮출 수 있었습니다. 다만 애플은 가격 경쟁력과는 다른 플라이휠을 구축했습니다. 판매량이 늘어 이용자가 많아지자, 제품군을 확대하여 연결성을 제공한 것입니다. 그렇게 연결되는 제품이 하나씩 늘어날수록 고객은 더 큰 편의성을 느끼게 되고, 계속 새로운 제품을 사는 과정이 만들어진 것입니다.

플라이휠이 없는 비즈니스: 선형적 성장의 한계

하지만 모든 비즈니스가 기하급수적으로 성장하는 것은 아닙니다. 제가 하는 교육업이나 1:1 컨설팅 업종처럼, 고객이 늘어날수록 부담이 더 커지는 예도 있습니다. 저희가 사전 1:1 컨설팅+고가의 가격으로 철저히 결이 맞는 사람만 들여보내는 시스템을 만든 이유도 이 과정은 고객에게는 좋지만, 제공자에게는 한계가 분명한 비즈니스이기 때문입니다.

이때 1:1 컨설팅의 플라이휠을 살펴보면, 1:1 컨설팅은 고객이 많아질수록 시간이 더 많이 소요되고, 서비스의 질이 낮아지는 문제가 생깁니다. 예를 들어, 30명까지는 만족스럽게 서비스를 제공할 수 있지만, 만약 60명이 몰려오면 고객은 기다려야 하고 서비스 품질도 떨어지게 됩니다. 이는 기하급수적 성장과는 반대되는 현상입니다.

또한, 불필요한 요구나 맞지 않는 고객과의 문제 등으로 인해 서비스 제공자가 더욱 큰 스트레스를 받게 됩니다. 이를 해소하기 위해 자동화도 시도해 보았지만, 교육은 사람을 대상으로 하므로 완전한 자동화가 어렵습니다. 책을 통해 고객과의 접점을 자동화하려 했지만, 책은 저를 만나고 싶어 하는 고객의 관심을 더 높이는 역할만 했을 뿐, 실질적인 플라이휠 효과를 만들지는 못했습니다.

안티 플라이휠의 모델을 제가 3년 정도 경험했는데 아직도 잔재를 제거하는 중입니다. 주로 아무 때나 고객이 전화를 걸고 돈을 준 이유로 주의를 계속 돌리며 무리한 부탁을 하기도 합니다. 너무나도 당연하게 안티 플라이휠을 만들어낸 오너의 책임입니다.

플라이휠을 적용한 교육 시스템: 그룹 코칭

이러한 한계를 넘어서기 위해 저는 기존의 1:1 코칭을 그룹 코칭 시스템으로 전환했습니다.

그룹 코칭의 장점: 많은 사람을 동시에 도울 수 있어 한정된 시간에 더 많은 가치를 제공할 수 있습니다.

피어 러닝(Peer Learning): 에이그라운드에서 팀 스탠퍼드 챌린지처럼, 그룹원들이 서로에게 배워나가고 팀을 이루어 협업하며 함께 성장할 수 있는 시스템을 도입했습니다.

코칭 방식 전환: 코치는 직접적인 조언을 주기보다 학습 방향을 안내하는 역할을 맡습니다. 이러한 방식은 모든 참가자가 스스로 경험하고 배울 기회를 줍니다.

이런 그룹 코칭 프로그램 이후에 1:1 코칭이 그다음입니다. 지식은 경험과 실패에서밖에 배울 수가 없습니다. 절대 강의로 배우는 것이 아닙니다. 특히 교육프로그램을 운영하면서 각 시스템이 더 많은 일을 처리하도록 시스템을 만드는 것이 중요합니다.

우리가 대기업 같은 엄청나게 체계적인 것을 할 수는 없지만, 약간의 플라이휠 시스템을 넣는 것만으로도 엄청난 효율을 가져다줄 겁니다. 누군가의 질문에 더 빨리 대답을 할 수 있고 더 많은 응답과 더 나은 답변이 디벨롭되는 시스템도 고안할 수도 있습니다.

예를 들면, 제가 운영하는 교육 커뮤니티에서는 한 개의 게시글에 수백 개의 댓글이 존재하는데 이것은 답변과 질문이 누적되어 계속 플라이휠이 적용되는 모델입니다.

276	강의, 도서 _ 놓아버림 ◎ [40]
177	기대감 올리기 미션 (사기꾼의 비법) [129]
112	강의, 도서 _ 의식 수준을 넘어서 ◎ [30]

이를 통해 시간이 지날수록 고객의 만족도와 비즈니스 효율성이 함께 높아지는 플라이휠 효과를 조금이나마 얻을 수 있었습니다.

플라이휠 시스템 적용 사례: 비즈니스 연결 및 AI 활용

현재는 더 나아가 비즈니스 연결 시스템과 AI 기반 고객 관리 시스템을 개발하고 있습니다.

비즈니스 연결 시스템: 공인중개사처럼 고객과 고객을 연결해 신뢰 기반의 협력과 수익을 창출하는 모델을 만들고 있습니다. 또한, 고객이 누적되면서 비즈니스 연결을 요구하는 경우가 많아서 인적 레버리지를 통해 비즈니스 커넥팅 시스템을 구축하고 마치 공인중개사처럼 서로의 신뢰를 좋게 해서 수익 배분까지 시스템으로 만드는 비즈니스 커넥팅 시스템도 개발해서 고객이 많을수록 더 많은 비즈니스 연결을 하고 안전하게 돈을 절약할 수 있게 시스템을 구축했습니다.

AI 기반 시스템: 이전 코칭 내용을 AI에 입력해 더 많은 고객

의 질문에 빠르게 답할 수 있는 시스템을 구상 중입니다.

이처럼 플라이휠 원리를 적용한 시스템은 고객이 많아질수록 더 나은 경험을 제공하고, 비즈니스가 성장하는 선순환 구조를 만들어냅니다.

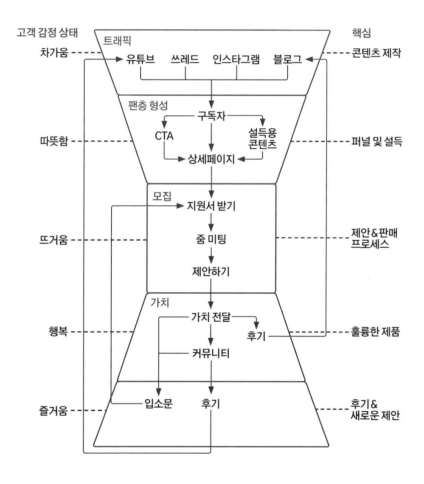

결론적으로, 고객이 많아질수록 더 좋은 경험을 제공할 수 있는 시스템을 구축하는 것이 중요합니다. 모든 비즈니스가 아마존이나 구글처럼 큰 규모의 플라이휠을 적용할 수는 없지만, 일부 플라이휠 요소를 도입하는 것만으로도 큰 효과를 볼 수 있습니다.

고객에게 더 나은 경험을 제공하고 비즈니스를 효율적으로 운영할 수 있는 시스템을 구축하여, 여러분의 비즈니스도 기하급수적인 성장을 만들어 보세요.

정직한 자가 끝까지 간다

사업을 하면서 정직함을 잃었을 때는 항상 큰 대가를 치렀습니다. 첫 번째는 다이어트 식품으로 건조 과일을 공동 구매로 팔 때의 일입니다. 이때 처음 정직하지 않은 방법으로 과대 광고를 했었습니다. 공동 구매 업체에서 아이유 물 다이어트로 광고를 세팅할 때 저에게 이렇게 말했습니다. "대표님, 이 광고는 과대 광고입니다. 하지만 과대 광고를 해야 소비자가 물건을 구매합니다." 처음엔 거절했지만 결국 한 번 시도했습니다. 주문이 미친 듯이 쏟아졌습니다. 그러나 이 주문은 1년도 안 가서 소비자들이 자각을 하고 쇠락하면서 매출이 점점 줄어들었습니다. 또한 과대 광고로 신고가 끊임없이 이어지고 식약처에 계속 불려나갔습니다.

두 번째는 온라인 강의를 런칭했을 때의 일입니다. 온라인 강의를 촬영하고 정직하게 모든 것을 혼신의 힘을 다해 전달하려고 노력했습니다. 가격은 저렴했지만, 마스터마인드 대표님들에게 대하는 것만큼 애정이 지속 가능하지 않아 온라인 강의 플랫폼을 접었습니다.

아직도 온라인 강의 플랫폼들은 이 정직함에 대해 고려하지 않습니다. 노력은 하고 있는 것 같지만, 구조적으로 해결되지 않는 문제를 잡기술로 해결하려 해도 절대 성공할 수 없습니다. 정직함의 가치는 솔직함의 가치와 밀접하게 연관됩니다. 우리는 눈앞에 있는 작은 이익을 위해 사악해질 때 엄청난 대가를 치릅니다.

에이그라운드의 구성원들은 모두 정직함을 추구하는 것을 핵심 가치로 삼고 있습니다. 우리가 성공하는 방정식은 얻기 쉬운 이익을 쫓는 것이 아니라 목표의 수준을 높이고 타협하지 않는 것입니다. 실재하는 가치를 만드는 것이 우리의 성공 방식입니다. 누군가는 에이그라운드가 진짜 평생 컨설팅을 실행할 때, 잠재의식을 비즈니스와 연결시킬 때 트리플 시스템으로 낚싯대

이론을 적용할 때 비웃거나 이러한 철학이 낭만적이라고 비꼬았습니다. 하지만 정직함의 추구는 매우 기술적인 비즈니스 무기입니다.

대학 교육의 대체는 우리의 미션입니다. 우리의 미션은 단순히 멋으로 적어놓은 것이 아닙니다. 우리는 정말로 우리 손으로 대학 교육을 대체할 수 있다고 확신합니다. 유의미한 목표의 가치에서 말했듯이 이 원대한 미션은 매 순간 우리를 세상에서 가장 어려운 과제로 밀어넣고 있습니다. 대전의 쥐가 나오는 쪽방에서 작은 카페부터 시작했을 때부터 세상에서 가장 어려운 문제를 다뤄왔습니다.

호구가 성공하는 세상, 가르치지 않는데 결과가 나오는 교육, 무한 피드백으로 뇌에 칩을 박아버리는 교육, 순수성을 잃지 않는 세계, 융합적 비즈니스 창조, 사명을 찾고 유지하며 발전시키는 법, 대학 교육의 대체 등 이런 불가능한 미션에 도전하는 데에 일말의 주저함이 없었습니다. 이유는 간단합니다. 우리의 사명을 이루기 위해 꼭 필요한 일이었기 때문입니다.

이처럼 정직함의 추구는 우리가 가장 어려운 문제를 마주하게 만들고, 누구보다 대범하게 결단하도록 만듭니다. 생각의 한계가 없어지고 속도는 빨라집니다. 정직함의 추구는 복잡하게 얽힌 매듭을 단번에 자르는 것과 같습니다. 우리는 그 어떠한 복잡한 문제도 단순하게 다룹니다. 이를 통해 우리는 언제나 누구도 생각하지 못하는 차이를 만들어냅니다. 독점적 차이를 만들어 나가는 것은 혁신 기업의 숙명입니다. 다시 말해 정직함의 추구는 시시한 기업과 혁신 기업을 가르는 중요한 차이이며, 우리는 존경받는 혁신 기업처럼 위대한 성취에 다가가고 있습니다.

멋진 사명과 가치관을 적어놓은 회사는 많습니다. 하지만 실제로 조직 내부에서 이를 추구하는 기업은 매우 적습니다. 수많은 기업이 돈과 시시한 숫자를 목표라고 말합니다. 저도 2년 전엔 비전 보드로 자아 실현하면서 매출 목표를 대단한 일을 하는 것처럼 자랑하던 때가 있었습니다. 하지만 이 시시한 매출 목표는 대표 자신 이외에 직원들과 고객들은 아무런 관심이 없습니다. 매출 목표만을 볼 때 쉬운 이익을 얻기 위해 언제나 빠르고 쉬운 선택지를 선택합니다. 이런 사람들은 "우선 돈부터 버는 게 낫다"고 핑계를 댑니다. 그 결과 보통 이러한 기업들은 모두가 비슷한 선택을 하게 되고, 같은 파이를 놓고 신고와 고소 전쟁을 하게 됩니다. 비즈니스 간의 차이는 줄어들고 끝없는 경쟁에 노출됩니다.

결국 몇 가지 선택지를 놓고 고민합니다. 고객의 이익을 줄여 품질에 타협하든지, 가격에 타협하든지, 고객의 권리를 침해하고 과대 광고 싸움을 하든지. 이렇게 시시한 기업은 사악한 기업이 됩니다. 우리는 '시시한 거짓말쟁이'가 될 바에 '정직한 또라이'가 될 것을 선택합니다. 우리는 매주, 매일, 매년, 매분기 우리의 사명과 신념, 원칙과 플라이휠, 비전과 목표에 대해서만 이야기합니다. 우리가 만들 변화를 상상하는 것으로 어린아이처럼 순수하게 즐깁니다. 매우 복잡한 문제를 다루고, 매우 쉽게 결정하기도 합니다.

우리가 가장 슬퍼하는 것은 매출이 떨어질 때가 아니라 우리의 정직성과 자부심을 느끼지 못하고, 사명을 이야기하지 못할 때입니다. 사내 기업가들과 매주 원칙에 대해서, 사명에 대해서 이야기하는 것이 약 2주간 끊긴 적이 있습니다. 이때 우리는 방향을 잃고 슬퍼했습니다. 다시 매일 미팅하고 스몰토크를 사명에 대해서, 정직함에 대해서 이야기할 때 너무 행복해졌습니다. 이처럼 언제나 옳은 것이 옳다는 것을 증명하자는 우리의 정직함은 어떠한 상황에서도 우리를 사명과 목표, 그리고 실재하는 가치에 다시 집중하도록 만듭니다.

조인트십의 사고방식으로 비즈니스를 시작할 때는 반드시 정직함을 무기로 시작해야 합니다. 정직함을 통해 서로의 지속 가능한 성공을 이끌어냅니다. 자부심과 단순성, 명확한 결과와 소통의 가치를 잊지 않도록 합니다. 정직함은 위대함을 추구하는 에이그라운드의 문화에서 가장 중요한 무기입니다. 정직함과 투명성을 핵심 가치로 삼는 조인트십은 지속 가능한 성장을 가능하게 하며, 관계의 깊이를 더합니다.

조인트십은 단순한 비즈니스 모델을 넘어 서로의 강점을 결합하고 신뢰를 바탕으로 한 협력의 방식을 의미합니다. 성공적인 조인트십은 각 참여자가 공동의 목표를 향해 나아가며, 이를 통해 개인의 이익을 넘어서는 가치를 창출합니다. 정직함과 투명성을 핵심 가치로 삼는 조인트십은 지속 가능한 성장을 가능하게 하며, 관계의 깊이를 더합니다. 조인트십의 철학을 바탕으로 한 협업은 우리 모두에게 새로운 기회를 제공하고, 함께 성장하는 길로 나아가는 초석이 될 것입니다.

조인트십

4장

조인트십을 확장하는
7가지 실전 전략

사람은 책을 만들고 책은 사람을 모은다

~~~~~~~~~~~

    SNS와 책 출판을 해야 하는 이유와 책 마케팅을 강화할수록 왜 같은 성향, 같은 환경, 같은 신념, 사명을 가진 사람을 만날 확률이 높아지는지에 대해 이야기해 보려고 합니다. 협업의 중요성과 그 초깃값을 높이는 방법에 대해 깊이 있는 통찰을 얻게 될 것입니다. 우선 여러 협업 관계를 만들어 보고 실패를 많이 해본 경험으로 왜 여러분이 퍼스널 브랜딩을 해야 하는지, 그리고 개인 브랜딩을 하기 위해 유튜브, 스레드, 링크드인, 책 출판, 책 마케팅을 해야 하는지에 대해서 이야기해 보도록 하겠습니다.

    첫째, SNS와 책 출판의 중요성을 살펴보면, 현대 사회에서는 사람들이 다양한 채널을 통해 서로 연결되고 소통합니다. SNS는 이러한 연결의 중심에 있으며, 내 생각과 경험을 세상에 알리는 강력한 도구입니다. SNS를 통해 내가 어떤 사람인지, 어떤 가치를 추구하는지를 명확히 드러내면, 자연스럽게 나와 비슷한 생각하는 사람들과의 연결이 이루어집니다. 이는 협업의 기회를 넓히고, 내 신념을 공유하는 사람들이 모일 수 있는 기반이 됩니다.

    또한, 책 출판은 나의 전문성과 신뢰도를 높이는 중요한 방법입니다. 책은 나의 아이디어와 경험을 깊이 있게 전달할 수 있는 매체로, 독자들에게 나의 가치와 신념을 확실히 각인시킬 수 있습니다. 책 출판을 통해 얻는 신뢰는 이후 협업 관계를 형성하는 데 큰 도움이 됩니다. 사람들이 나의 책을 읽고 공감하게 되면, 자연스럽게 나와 비슷한 생각하는 사람들과 만남이 이루어지며, 장기적으로 더 깊은 관계를 형성하는 데 기여합니다.

둘째, 협업할 때 초깃값이 매우 중요합니다. 초깃값이란, 협업의 출발점에서 무엇을 추구하는지, 어떤 목표를 가졌는지를 의미합니다. 이 초깃값이 잘 설정되지 않으면, 협업 과정에서 갈등이 생기고, 서로의 신뢰를 잃게 되는 경우가 많습니다. 그리고 이러한 갈등은 결국 협업의 실패로 이어질 수 있습니다. 따라서 초깃값의 확률을 높이기 위해서는 나와 잘 맞는 사람들을 최대한 많이 만나야 합니다.

여기서 중요한 것은, 초깃값에는 내면까지 같은 사명, 목표, 성향이 전제조건이어야 한다는 것입니다. 이 초깃값에서 타협이 들어가서 "이 일을 하게 되면 이익이 될 것 같아, 그런데 약간 찝찝하긴 해" 같은 사고 과정을 거친다면, 단기적 수익에서 머물거나 수억 원을 손해 보고, 서로를 사기꾼이라고 생각하게 될 것입니다.

그렇다면, 대학교 동창, 동네 친구, 군대 동기 등에서 이런 사람을 만나기가 너무 힘들지 않을까요? 맞습니다. 만나기는 하늘의 별 따기처럼 어렵습니다. 하지만 현대 사회에서는 SNS가 이러한 문제를 해결할 수 있는 중요한 도구가 됩니다. SNS를 통해 내가 누군지, 어떤 환경에서 자랐는지, 어떤 경험을 했고 실패를 했고 성공을 했는지를 기록하면, 한국을 넘어 미국, 전 세계에서 나와 비슷한 생각이 있는 사람들이 반응하기 시작할 것입니다.

하지만 이렇게 모수를 늘리고도 검증 과정이 6개월에서 1년 정도 매일 소통을 하고 합을 맞춰야 비로소 소울 메이트를 발견할 수 있습니다. 제 사례를 말씀드리자면, 저는 4천여 명을 코칭하고 700명이 넘는 마스터마인드 대표님들과 함께 사업하고 있지만, 현재 정말 잘 맞는 사람은 5명도 안 됩니다. 그리고 맞는 줄 알았다가 헤어진 경우는 수십 수백 명입니다.

그만큼 이렇게 인터넷상에서 빛을 내지 않으면 이제는 동료를 구할 수 없는 시대에 살고 있습니다. 그렇다면 어떻게 SNS를 활용하고 책을 출판해야 나와 소울이 맞는 소울 메이트, 즉 파트너를 구할 수 있을까요?

우선, 자신만의 페르소나를 정하는 것이 중요합니다. 페르소나란, 나의 정체성을 나타내는 인격적 특성입니다. 자신의 페르소나를 찾는 방법은 내가 끌리는 브랜드나 인물을 설정하는 것입니다. 예를 들어, 저의 경우는 토니 로빈슨과 애플을 정말 좋아합니다. 이 사람의 특성은 거칠고 카리스마 있으며 솔직하고, 뼈 때리는 언더독, 비주류, 진정성 등의 페르소나를 가지고 있습니다.

이러한 특성을 기반으로, 나의 신념을 SNS에 계속 말하는 것이 중요합니다. 저의 신념은 순수성을 잃지 않는 사회를 만드는 것입니다. 이러한 신념과 페르소나를 일관성 있게 유튜브나 스레드, 링크드인 등에 곳곳에 넣어야 합니다. 그리고 지속해서 해야 합니다.

저는 글을 쓴 지 7년, 책을 낸 지 5년, 유튜브를 한 지 4년이 넘었습니다. 이렇게 오랜 시간을 투자하며 지치지 않고 동료를 구하러 다닙니다. 그런데 저는 이렇게까지 동료를 구하려고 활동하는데, 아무것도 안 하고 주변 친구나 네트워크에만 의지해서 내 마음과 같은 파트너가 없다며 코칭을 오는 사람들이 정말 많습니다.

저에게 이런 질문을 하곤 합니다. "직원이 내 마음 같지가 않아요", "협업 파트너에게 사기를 당했어요" 하는 식이죠. 그럼 저는 이렇게 대답합니다. "세상에 SNS나 책으로 빛을 내세요. 분명 당신의 신념과 같고, 당신의 페르소나와 같은 사람이 몰려올 겁니다."

그러나 그 과정은 단순하지 않습니다. 몰려와도 면접 보듯이 골라내야 하고, 시간을 두고 지켜보며 소통하고 지속해서 결을 맞춰 나가야만 소울 메이트를 만날 수 있습니다. 제가 소울 메이트를 만나기 위해 브랜딩을 하고 마케팅을 하는 방법을 알려 드리겠습니다.

첫 번째로 유튜브의 브랜딩은 대중성 금지입니다. 언더독, 다르게 생각하는 사람들, 돈보다 신념과 사명이 중요한 사람, 잠재의식을 믿는 사람들만 로직에 뜰 수 있게 콘텐츠 시스템을 만들고 신념도 곳곳에서 계속 등장하게 했습니다. 이 스레드와 링크드인, 블로그 등에서 관심이 있는 사람은 유튜브로 유입되고, 유튜브에 감동한 사람들은 책 마케팅 퍼널에 빠지게 됩니다. 이렇게 무료 책을 읽어서 저에게 시간을 많이 쓴 사람 중 또 골라서 1:1 미팅을 진행합니다. 1:1 미팅에서도 저에게 맞는 사람과 안 맞는 사람이 나뉘게 됩니다.

그리고 돈은 신뢰입니다. 저를 얼마나 신뢰하느냐를 돈으로 평가합니다. 돈만큼 신뢰도를 평가하는 데 솔직한 것이 없기 때문입니다. 그리고 돈으로 관문을 통과한 이후에도 약 3~6개월간 검증의 기간을 거치고, 또 6개월에서 1년간의 테스트 기간을 거친 다음에 정말 맞는 극소수의 사람들과 소세계를 만들 수 있습니다.

결국, 퍼널 마케팅의 본질은 나와 정말 결이 맞는 소울 메이트를 구애하는 것과 같다는 결론입니다. 결론적으로, 제가 유튜브, 스레드, 링크드인을 하지 않았다면 절대 저의 신념과 뼛속까지 같은 사람을 만나기 힘들었을 겁니다. 그리고 그 사람과 나의 생각이 똑같고 매일 소통하며 행복하게 사업하는 것이 불가능했을 겁니다. 퍼스널 브랜딩은 협업의 초깃값을 높이는 데 가장 효율적인 방법입니다. SNS와 책 출판을 통해 자신을 드러내고, 신념과 가치를 공유하는 사람들을 만나야 합니다.

많은 고객이 아니라 맞는 고객을 찾아라

~~~~~~~

2025년은 온라인 교육 및 컨설팅 산업에서 근본적인 변화가 일어날 해로, 이 새로운 모델을 '고접점 컨설팅(High-Touch Consulting)'이라고 부릅니다. 이 변화는 단순히 업계에서 말하는 "신뢰 침체(Trust Recession)" 때문이 아닙니다. 지난 7년 동안 에이그라운드의 생태계에서 100여 건 이상의 컨설팅 비즈니스를 분석한 결과, 기존의 고액 온라인 강의 모델이 더 이상 통하지 않는 이유와 고접점 컨설팅으로의 전환 필요성을 설명하겠습니다.

|1| 고액 온라인 강의 모델이 더 이상 통하지 않는 이유

과거에는 페이스북 광고를 통해 적은 비용으로 고객을 쉽게 전환할 수 있었습니다. 그러나 현재는 광고 비용의 급증, 시장의 과포화로 인한 고객 신뢰도 저하 등으로 이러한 모델이 효율성을 잃었습니다. 고객 확보 모델이 무너진 지금, 고객을 신뢰 기반으로 유치하지 않으면 생존이 어려운 시대가 되었습니다. 고객을 분류하고, 일반 고객(a)에서 스몰인플루언서 및 메가 인플루언서(b)로 양성하는 과정이 중요합니다. 고접점 컨설팅을 통해 고객이 자발적으로 새로운 고객을 끌어오게 하는 방식이 필요합니다.

| 2 | 2025년 이후, 새로운 성공 방정식: 고접점 컨설팅

고접점 컨설팅 모델로 전환하면 광고 없이도 5배 ~ 10배 수익을 증가시킬 수 있습니다다. 또한 월 1억 ~ 1억 5천 이상의 순이익을 올릴 수 있으며, 복잡한 퍼널과 대규모 운영 없이도 가능합니다. 에이그라운드의 고접점 컨설팅 방식을 다음과 같은 5단계 전환 전략으로 설명하겠습니다.

고접점 컨설팅 5단계 전환 전략
① 고객 1명당 생애가치를 최대 5년까지 만듭니다.

고객이 직접 창립자(혹은 컨설턴트)와 시간을 보낼 수 있도록 합니다. 6년 전 이 모델을 지식 업의 최초로 말로만이 아닌 실제로 구현하고 있을 때 주변의 강사들은 미친놈이라고 했습니다. 그런데 전 그냥 했습니다. 그리고 이 모델은 현재 미국에서도 각광받는 모델이 되었죠. 에이그라운드 수익 인증 후기 게시판의 어떤 글을 봐도 기본 컨설팅 6개월, 1년, 2년, 3년 후 연속으로 올리는 후기가 대부분인 것을 보면 알 수 있습니다.

② 서비스 구조 개선

기존 '강의형 모델'에서 벗어나, 직접 코칭과 컨설팅을 병행하는 혼합형(DFY+DWY) 모델을 적용합니다. 에이그라운드 마스터마인드 교육에서는 강의는 녹화본으로 제공되며 수업에서는 그룹 코칭, 1:1 코칭, 강의형 코칭을 병행하는 혼합형 모델을 적용합니다. 1가지의 사항을 4번 이상 코칭해서 우리의 고객 문화인 뇌에 칩을 심어 버리는 수준입니다. 또한 고접점 모델로 12주 이후에서 지속적으로 코칭에 와서 개인사, 신념, 사명, 원칙에 대한 질문에 답하고 코칭을 반복적으로 받습니다.

수십 번의 반복으로 세뇌가 되는 것이죠.

③ 수익 모델 변경

기존 가격의 5배를 받을 수 있는 프리미엄 오퍼를 만들고, 시장 상위 25% 고객만을 타겟으로 합니다. 하이티켓 퍼널의 가장 중요한 점은 기존 마케팅법인 고객을 육성하는 것보다 시장 상위 25% 고객만을 타겟으로 하는 겁니다.

④ 고객 확보 방법 변경

복잡한 퍼널 대신 초고가치 무료 리드 마그넷을 활용합니다. 에이그라운드에서는 우선 진단 컨설팅을 오기 전에 초고가치 무료 리드 마그넷 글이 있습니다. 이 글을 읽은 사람의 반응은 갈라지게 됩니다. 너무 어렵다, 아니면 이건 미친거다. 이 글을 읽고 진단을 신청하면 완벽히 더 넘치는 초고가 강의를 제공받게됩니다. 거기서 끝이 아닙니다. 1:1 코칭을 하게 되면 흘러넘치는 가치를 뛰어넘어 저의 약점인 그냥 1시간에 비즈니스를 결과를 그려버리는 신기한 광경이 펼쳐지게 됩니다.

⑤ 진정한 레버리지 확보

"사업 확장은 팀 구축을 통해 이뤄진다"는 환상을 버리고, 오히려 최소한의 인력으로 최대한의 이익을 창출하는 구조로 전환합니다. 직원을 12명까지 늘려 사업을 확장할 때 가장 수익성이 낮았고, 마이너스를 기록한 적도 있었습니다. 하지만 지금은 직원을 두지 않습니다. 파트너 대표들과만 수익 배분으로 움직입니다. 가장 단순하며, 명확하고, 수익성도 높습니다.

실제로 직원 12명으로 20억 가까이 매출을 냈을 때는 수익성이 제로지만 그 매출을 유지하면서도 순수익을 70%까지도 끌어올릴 수가 있는 방법입니다.

| 3 | 기존 모델과의 비교: 고접점 컨설팅의 강력한 수익성

기존 고액 온라인 강의 모델은 다음과 같은 문제를 가지고 있습니다.

- **영업팀 유지비**: 매출의 10~20%가 세일즈 커미션으로 빠져나간다.
- **광고 의존도 증가**: 고객 확보 비용이 상승하면서, 광고 ROI가 급격히 하락한다.
- **고객 유지율 문제**: 한 번 판매하면 끝나는 구조라, 지속적인 신규 고객 유치가 필수다.

반면 고접점 컨설팅 모델은 다음과 같은 장점이 있다.

- **고객 유지율 증가**: 한 번 고객이 되면 수년간 유지되는 구조다.
- **높은 마진율**: 80~90% 이상의 순이익을 기록할 수 있다.
- **스트레스 감소**: 광고, 영업팀, 복잡한 시스템 없이도 운영 가능하다.

| 4 | 고객 확보 전략: "이게 무료라고?" 싶은 리드 마그넷 활용

고객이 거부할 수 없는 무료 오퍼를 제공하는 방식으로 전환해야 합니다. 예를 들어, CEO 대상의 무료 전략 세션, VIP 고객을 위한 맞춤 건강 검진 서비스, 럭셔리 빌라에서의 무료 마스터마인드 개최 등이 있습니다. 이러한 초고가 리드 마그넷을 제공하면, 기존 광고 비용을 대체하면서도 훨씬 높은 전환율을 기록할 수 있다.

| 5 | 새로운 레버리지 개념: "레버리지 환상"에서 벗어나라

많은 컨설턴트들이 레버리지(Leverage)를 잘못 이해하고 있습니다.

- **잘못된 레버리지 개념**: 큰 팀, 복잡한 시스템, 대규모 퍼널이 필요하다고 생각하지만, 이는 오히려 마진을 갉아먹는다.
- **진정한 레버리지**: 단순한 구조에서 고가치 고객을 장기 유지하는 것이 핵심이다.

예를 들어, 월 1억를 벌면서도 단 1명의 직원(어시스턴트)과 함께 운영하는 컨설턴트는, 팀을 30명 운영하면서 연봉 1억을 받는 CEO보다 훨씬 더 높은 레버리지를 가지고 있는 것입니다.

성공하는 컨설턴트가 되는 법

① **광고, 퍼널, 영업팀을 없애라** – 고객을 자동화 시스템이 아닌 직접적인 관계를 통해 유치하고 유지해야 합니다.

② **상위 25% 고객만 타겟팅하라** – 가격을 높이고, 적은 고객으로도 충분한 수익을 올리는 구조로 전환해야 합니다.

③ **고객 확보보다 유지율에 집중하라** – LTV(고객 생애 가치)를 극대화하면 고객을 계속 유치할 필요가 없습니다.

④ **고객이 "미쳤다!"라고 생각할 정도의 무료 가치를 제공하라** – 초고가 무료 리드 마그넷을 활용하면 기존 광고보다 훨씬 효과적인 고객 유치가 가능합니다.

⑤ **레버리지 개념을 재정립하라** – 복잡한 시스템과 팀 확장이 아니라, 최소한의 노력으로 최대의 가치를 제공하는 모델이 가장 효과적입니다.

이제 2025년 이후 가장 성공적인 컨설턴트가 되기 위한 준비를 해야 합니다. 과거의 고액 온라인 강의 모델은 곧 사라질 것이고, 진정한 고접점 컨설팅 모델이 업계를 지배할 것입니다.

스타트업은 자금이 아니라 생존력이 결정한다

<hr>

요즘 진단 컨설팅에 스타트업 대표님들이 많이 오셔서 조금 불편한 주제로 이야기를 해보고자 합니다. 저는 미디어가 스타트업을 잘못된 방식으로 소개하고 있다고 생각합니다. 많은 창업자들이 수백, 수십억 원 규모의 회사를 만들어야 한다고 압박을 느끼고 있습니다. 또한, 스타트업 네트워크에 들어가 인맥을 쌓고 부자들과 연결되어 수십억 달러의 투자를 받아야 한다고 믿고 있습니다. 이러한 기대 속에서 엄청난 개발자를 고용하고 주당 100시간 이상 일하게 해야 한다는 압박감도 커집니다.

제가 짧게 VC MBA 과정을 다니면서 자퇴한 후 느꼈던 점은, 벤처 캐피털에서 자금을 조달한 스타트업의 성공 확률이 우리에게 불리하다는 것입니다. 심지어 투자를 한 사람들도 여러 개의 스타트업 중 하나에서 성공하면 수익을 보는 주식 게임처럼 운영되고 있습니다. 실제로 10% 이하의 스타트업만이 성공적으로 매각되고, 창업자가 돈을 잘 버는지조차 알기 어려운 현실입니다. 분명 여기에 구멍이 있고 문제를 해결할 수도 있을 터라는 생각을 수년 전부터 해왔습니다.

혹시 우리가 직접 자금을 조달한다면 어떨까요? 우리가 스스로 자금을 조달하면서 만든 사업은 남의 돈으로 사업을 벌이는 것보다 성공 확률이 훨씬 높습니다. 생계를 유지할 만한 돈만 우선 벌고 스스로 조달한다면 멘토링을 빙자한 투자자의 이래라저래라 하는 것에 휘둘릴 필요가 없고 스트레스가 줄고 더 행복해지고 따라서 더 좋은 친구, 배우자, 애인 또는 부모가 될 것입니다.

사업가가 되면 우선 고소를 당할 것이고, 가족의 대소사를 챙기지 못할 것이고, 집과 차를 포기하고 등등 치러야 할 대가가 아주 큽니다. 그렇지만, 우리가 스스로 자금을 조달한다면 가장 좋은 점은 나중에 "큰 사업"을 배제할 필요가 없다는 것입니다. VC들은 이미 입증된 수익이 있는 회사에 투자하는 것을 선호합니다. 만약 입증되지 않았다면, 엑셀레이팅 프로그램을 통해 자금을 지원받기도 합니다. 이 경우, 적은 돈으로 위험을 감수하면서 대박이 날 때 몇천 프로의 수익을 올릴 수도 있습니다.

스스로 자금을 조달하고 올바른 방향으로 경험해서 살아있는 경험과 실패를 다 경험했다면 그토록 투자자들이 원하는 비즈니스가 완성되어 있을지도 모릅니다. 그렇다면 스스로 자금을 조달하는 방법을 단계별로 알려드리겠습니다.

1단계, 자신의 문제를 해결하세요.
가장 중요한 것은 자신의 문제를 해결하는 것입니다. 많은 스타트업 창업자들은 자신의 문제가 아닌 고객의 문제를 해결하려고 합니다. 여기서 치명적인 문제가 발생하는데, 자신이 고객이 아녀서 고객의 상황을 이해하고 공감하는 것이 불가능해집니다.

예를 들어, 제가 다이어트 식품을 판매할 때 그랬습니다. 다이어트를 해야 하는 이유를 전혀 이해하지 못한 채 퍼널 마케팅만으로 판매를 시도했더니, 2~3년이 지나면서 점점 재미가 없어지더군요.

이런 상황에서 "나는 퍼널 마케팅에 능숙해서 전문 지식이 없어도 팔 수 있다"라거나 "파트너가 있어서 그 사람의 문제를 해결하는 데 도움을 줄 수 있다"라는 생각을 할 수도 있습니다. 이 부분은 일부는 맞지만, 일부는 틀린 접근입니다. 타인의 문제를 해결하고 그 사람과 함께 한다면 그 지속 가능성은 약 3~5년이 최대입니다. 이런 사람들은 여러 분야에 빨대를 꽂고 수익을 추구하는 형태로만 유지할 수밖에 없습니다.

자신의 문제를 해결하게 되면, 여러분과 같은 문제를 가진 사람들을 도와줄 기회가 훨씬 많습니다. 이는 지속 가능하고 행복한 경험을 제공합니다. 왜냐하면, 나의 문제를 해결하고, 나와 같은 문제를 가진 사람들을 도와주는 것은 지속 가능한 행복을 주기 때문입니다. 이는 또한 가장 극대화된 몰입 상태를 설정하고 지속 가능한 행동을 하는 첫 번째 퍼즐입니다.

2단계, 당신의 문제가 다른 모든 사람의 문제일 수도 있습니다.

제가 가장 성공적으로 진행한 사례는 바로 '에이그라운드'입니다. 초기에는 식품을 제조하고 생산하려 했으나, 초기 생산 수량 문제로 나만의 브랜드를 만들 수 없었습니다. 지금은 건강 기능 식품과 화장품 모두 최소 수량이 가능하지만, 9년 전에는 식품 분야에서 그런 옵션이 없었습니다.

그래서 저는 "그냥 내가 만들어야겠다"라는 결심을 하게 되었습니다. 10평짜리 공장에서 타인에게 건강 분말을 잘게 나눠 주고 그것을 잘 파는 법을 알려주기 시작했는데, 이 과정이 현재의 에이그라운드의 시초가 되었습니다.

3단계, 당신은 당신 자신의 문제에 대한 가장 위대한 전문가입니다.

여러분은 자신의 문제를 해결할 때 완벽히 몰입할 수 있지만, 자신의 문제가 아닌 문제를 해결하려고 하면 완벽한 몰입이 이루어지지 않습니다. 문제를 해결하는 전략은 짜겠지만, 진정한 집요함은 자신의 문제일 때 가장 폭발적으로 나타나는 법입니다.

대부분의 스타트업들은 시장에 "우리가 이런 문제를 해결하겠습니다"라고 이야기합니다. 이는 자주 인터뷰에서 듣는 말입니다. 물론 가능할 수도 있겠지만, 더 빠른 길은 자신의 문제를 해결할 때 곧바로 전문가가 될 수 있다는 것입니다.

다음 글은 에이그라운드에서 문제를 해결하면서 타인의 문제도 해결했던 어구입니다.

① 사명

비즈니스의 순수성을 잃지 않는 세계를 창조합니다.

우리는 에이그라운드입니다. 우리는 세상의 교육을 더 나은 방향으로 변화시키고 있습니다. 우리는 "비즈니스의 순수함을 잃지 않는 세계"라는 우리의 사명처럼 창립한 그 순간부터 지금까지 누구도 해내지 못한 교육에 도전하고 있습니다. 그리고 이러한 사실은 우리 자신을 스스로 특별하게 만들고 있습니다.

② 비즈니스의 순수성

에이그라운드는 성인 교육 시장에서 시도되지 않은 다양한 실험적 시도를 해왔습니다. 예를 들어, 가르치지 않고 결과를 만들어내는 팀 스탠퍼드 모델, 1:1과 그룹 코칭의 융합, 마케팅과 영성의 통합, 부동산과 외식업의 결합, 제조와 도매, 지식 업의 융합 등 다양한 트리플 시스템 개념을 통해 신념과 사명의 융합, 돈의 무의식과 자본주의의 융합을 이루어냈습니다.

2019년, 우리는 '호구가 성공하는 사회'를 만들겠다고 선언했고, 2025년에는 팀 스탠퍼드를 통해 가장 많이 도와준 사람이 가장 많은 수익을 올리는 소세계 시스템을 완성했습니다. 6년이라는 시간이 지나, 우리는 최초로 "가르치지 않는데 결과가 나오는 교육"을 완성하게 되었습니다.

그 6년 동안 험난한 길을 걸으며, 욕을 먹고 구설에 시달리기도 했습니다. 지금도 여전히 그런 상황을 견디는 힘은 단 하나의 문장에서 나옵니다. 우리의 신념체계인 "순수성을 잃지 않는 세계, 호구가 성공하는 사회"를 중심으로 의사 결정을 하며 흔들리지 않고 나아갔습니다.

비즈니스가 순수하게 너무 재미있어서 마치 게임처럼 하는 것, 이것이 에이그라운드의 문화입니다. 우리는 이러한 문화를 비즈니스의 순수성을 지킨다고 표현하며, 비즈니스의 순수성을 지키는 것은 우리가 성공하는 방식임을 믿고 있습니다. 우리는 문화를 지켜나가는 일을 매우 중요하게 생각합니다.

결론적으로, 자신의 문제를 스스로 해결하면서 남의 돈으로 우리의 정체성을 해치지 않도록 보호하는 전략만으로도 충분히 행복하고 지속할 수 있게 사업을 전개해 나갈 수 있습니다.

팀워크와 사업 중 무엇이 먼저인가를 생각하라

~~~~~~~~~~

| 1 | 작은 시장부터 해야 하는 이유

애플은 해커를 위한 개인용 컴퓨터였으며, 마이크로소프트는 다른 개발자로부터 IBM에 DOS를 재판매하는 작은 소프트웨어 회사였습니다. 구글은 스탠포드 대학의 로컬 인트라넷을 검색하는 작은 학술 실험이었습니다.

초깃값에서 저의 예를 들어 보면, 거의 9년간의 세월을 써서 4천 개의 사업 아이템을 컨설팅했고, 800여 명이 넘는 사업을 함께 했으며, 실제로 제가 한 사업은 20여 가지가 넘습니다. 저의 초깃값은 식품 사업의 MOQ 문제를 해결하는 것이었고, 그 것이 확장되어 사업의 유통 리스크를 줄이는 트리플 시스템을 만들었습니다.

매출을 올리다 보니 순수익에 문제가 생겨 돈 의식, 자본주의 융합을 시도했습니다. 마케팅과 영성이 결합하여야 진정한 신념을 가진 사업이 만들어진다고 생각해서, 마케팅과 영성을 엮어 실험했습니다. 내 사례만으로는 안 되니 수백 명의 대표에게 적용해 가며 이론을 정립했습니다. 그리고 나와 비슷한 생각이 있는 사람을 만나기가 너무 어려워 유튜브와 책으로 소울 메이트를 아직도 모으고 있습니다.

이제 10년 차쯤 되면 스타트업이라고 생각되는 플랫폼을 기획 중입니다. 그것도 제가 대표가 아닌 초기 투자자와 고문의 형태일 것입니다. 저는 CEO가 아니라는 것을 9년 차에서나 인정했거든요. 클릭 10번에 모든 사람의 열정이 돈으로 바뀌는 플랫폼을 10년 차에서나 조심스럽게 꺼내는 것이죠.

저는 진단에서 스타트업 업계 사람들이 자꾸 와서 많은 이야기를 나누던 중, 그들은 "이 아이디어가 세상을 바꿀 거야, 100억, 1천억 규모의 회사가 될 거야"라고 말했습니다. 그런 사람들은 보통 정말, 정말, 심하게 실패합니다. 정말 잘 되는 사람들은 정말 겸손한 사람들이고, "아, 우리는 그 작은 것을 고치고 싶어요. 그다음 고칠 것은? 그다음은 뭘 할까요?"라고 말합니다. 그들은 아마도 장기적인 시각을 가지고 있지만, 모든 단계에서 작은 문제에 집중합니다. 그것이 크게 되는 유일한 방법이라는 것을 알기 때문입니다.

세상을 뒤흔드는 아이디어에 집중하면 안 됩니다. 기본적으로 나의 문제를 해결하고 그것으로 타인의 문제를 해결하는 깃부터 시작하세요. 그리고 사명에 기반하여 천천히 기능을 추가하면, 여러분이 급하게 원했던 그 세상을 바꾸는 것이 생길 겁니다.

아이디어는 혼자 내야 할까요, 아니면 팀으로 내야 할까요?

이렇게 혼자 조그마한 문제를 개선해 가면 팀이 과연 초기에 필요할까요? 저는 협업이 매우 위험할 수 있다고 생각합니다. 항상 12주 과정 중에 협업을 팀 스탠퍼드에 넣어버리는 이유는, 당해 봐야 협업이라는 것이 얼마나 어려운지 깨닫기 때문입니다.

교육 안에서 협업 시스템을 정교하게 넣고 제가 기획하고 조정해서 성공하는 협업 시스템을 몸으로 체득하게 만듭니다. 특히 팀 스탠퍼드에서 1~2주간 아이디어 회의를 시키면 가관입니다. 왜냐하면, 팀에서 다른 사람과 함께 일하면 그룹 씽킹의 영향이 아이디어를 서로 과장하기 때문입니다. 그리고 결과는 참담합니다.

그래서 저는 독재자 스타일로 우선 기획을 제가 하고 역할 분담까지 시켜버립니다. 9년간 협업을 한 사람의 통찰은 절대 이길 수 없습니다. 그리고 그 아이디어는 반드시 100% 고객을 위한 것이어야 합니다. 그래서 저는 이렇게 추천합니다.

협업의 자격

① 잠재의식으로 감정을 컨트롤 할 수 있는 인간

② 신념과 사명이 인생의 목표인 인간

③ 원칙에 타협하지 않는 인간

이 3가지가 솔직하게 잡히지 않았다면, 직원을 뽑지도, 협업하지도 않거나 에이그라운드에서 제공하는 안전한 협업 시스템을 이용하라고 말씀드립니다. 만약 이것을 지키지 않는다면 수억 원을 잃게 될 것입니다.

결론적으로 초기 창업을 할 때 스스로 기술이 있다면 팀은 필요 없습니다. 스스로 기술이 있다면 창업 자본도 필요 없습니다. 그리고 챗지피티랑 놀다 보면 스스로 기술을 얻는 데 전혀 어렵지 않습니다.

기존 스타트업을 만드는 법

① 첫날부터 VC 자금을 얻으세요.

② 개발자와 디자이너를 고용하세요.

③ 강남에 있어 보이는 사무실을 임대하세요.

④ 팀원에게 위임하세요.

⑤ 팀 빌딩 워크숍을 하세요.

⑥ 조직관리 슬랙과 노션을 쓰세요.

⑦ 아차 제품이 인기를 얻지 못했네요.

⑧ 투자자님 죄송합니다. 소송준비.

변형 스타트업을 만드는 법

① 스스로 무언가를 만듭니다.

② 효과가 있는지 무료 레퍼런스를 10명 이상 해보세요.

③ 실패했다면 다른 것을 만들어요.

④ 또 실패했다면 다른 것을 만들어요.

⑤ 드디어 효과가 있어요.

⑥ 돈 벌 수 있는지 확인해 보세요.

⑦ 번 돈의 4배 이상 가능할 때 직원이나 팀원을 알아 보세요. 그것
　도 6개월~1년 이상 안정적 수익이어야 해요.

⑧ 이때 사무실을 임대해 보세요. 근데 그것도 줄이고 최소의 사무
　실을 얻으세요. 아니면 원격이나.

⑨ 이때 VC에 갑질이 가능할 때 굳이 자금이 필요 없을 때 스케일
　업을 해보세요.

팀 빌딩을 먼저 하는 것과 혼자 시작하는 것의 차이는 명확합
니다. 초기에는 작은 문제를 해결하며 스스로 기술을 키우는 것

이 중요합니다. 협업은 신중하게 접근해야 하며, 적합한 파트너를 찾는 것이 필수적입니다. 결국, 성공적인 스타트업은 고객의 문제를 해결하는 데 초점을 맞추어야 합니다. 장기적인 시각을 가지고 인내하며 성장하는 과정이 필요합니다.

보이지 않는 마케팅이 가장 강력하다

꿈의 고객만 오게 하는 스텔스 마케팅이라는 주제로, 우리와 맞지 않는 고객이 당신을 발견하기도 힘든데, 꿈의 고객만 밀려드는 상황을 만들기 위한 마케팅 설계법에 대해 다뤄보도록 하겠습니다.

현재 에이그라운드 시스템이 이런 시스템입니다. 우선 이것을 발견하기까지 거의 7년의 세월이 흘렀다는 점을 기억해 주시기 바랍니다. 대중이 이런 것을 원한다고 해서 여러 가지를 콘텐츠에 넣어보기도 하면서 욕도 먹어보고, 조회 수가 안 나오게 내가 하고 싶은 말만 해보기도 하고 여러 방법을 써봤습니다. 무려 7년의 시행착오 끝에 만들어낸 시스템입니다.

우선 첫 번째로, 4천여 명 중에 700여 명의 마스터 마인드 대표님들과 함께 꿈의 고객을 구체화하는 시간을 가졌습니다. 그

마케팅 시스템

꿈의 고객 ▓▓▓▓▓▓▓▓▓▓▓
- 월급 ▓▓▓▓ 정도 월급이 있고, 어느정도 자산이 있는 직장인
- 자기계발을 6개월, 1년을 꾸준히 하는 30,40대 직장인
- 직장은 언젠가 그만두고 싶지만, 틀에 갇힌 느낌, 미래에 대한 막연한 두려움
- 나만의 사업을 꿈꾸지만 용기가 아직 없는 사람
- 지식 강의를 500~1,000만원 정도에 이미 투자를 한 사람
- 뭔가 비법이 있을 것 같다고 믿었지만, 점점 지식 강의 속에서 지쳐가는 사람
- 어느정도 단기적 성과를 어뜨낸 사람
- 멘토가 필요한 사람
- 신뢰할 수 있는 / 일관성 있는 사람에게 끌리는
- 언더독 스타일 / 본질 추구 / 진정성 추구
- 진짜 마지막으로 해봐야겠다.

꿈의 고객 ▓▓▓▓▓▓▓▓▓▓▓
- 남성성이 어느 정도 있는 / 사업가 성향이 높은 여성
- 가정을 책임을 제하하는
- 남편을 의자하지 않고 독립적으로 일어서고 싶은 여성
- 30 / 40대 여성
- 멘토가 필요가 필요한 사람
- 남편 혹은 자신이 직장인이라서 여유자금이 충분이 있는 사람
- 안정적인 현금 흐름이 있는 사람
- 진짜 마지막으로 해봐야겠다.

어디에?
- 유튜브 / 링크드인
- ▓▓▓▓▓ ➡ 본질에 대한 갈증을 느끼는 사람
- ▓▓▓▓ ➡ 본질에 대한 갈증선 느끼는 사람
- ▓▓▓▓▓▓▓▓▓▓
- 솔로프리너 /

단기적 목표
- **Value** : 본질적인 비즈니스 교육과 코칭을 통해 ▓
  순수성에 기반한 사업을 찾고
- **KPI 1** ▓▓▓▓▓
- **KPI 2** ▓▓▓▓▓
- **KPI 3** ▓▓▓▓▓

제품 정의서
본질적인 비즈니스 교육과 코칭을 통해 사업가로서의 여정을
10년 이상 단축할 수 있도록 돕습니다.

장기적 목표

결과, ○○ 대표님의 도움으로 꿈의 고객을 만들어냈습니다.

본질을 추구하고 일관성을 좋아하며, 뼈 때리는 것, 진정성, 솔직함을 추구하는 사람들이 본질에 대한 갈증을 느끼고 무언가 새로운 것을 찾아 학습하며 유튜브를 보던 중 본질을 이야기하는 김서한을 만납니다. 유튜브나 인스타그램의 스레드를 통해 콘텐츠를 소비하다가 책 퍼널에 들어옵니다. "와, 이걸 모두 무료로 준다고?"라는 생각을 하게 됩니다. 책과 자료, 강의를 보고 "와, 이거 내가 애매하게 생각했던 거네?"라는 자각이 생

깁니다. 그리고 세일즈 전화를 받습니다.

세일즈 시스템

1:1 통화를 하게 됩니다. 여러 가지 팩트를 체크하고 통화 중에 나도 몰랐던 문제를 발견합니다. 그리고 그 문제가 심화하였을 때 얼마나 고통스러울지를 상상하게 됩니다. 그 문제가 해결되었을 때의 이상적인 상황을 아주 생생하게 그려줍니다. 하지만 현실적으로 어려움을 가지고 있어 좌절합니다. 통화 중에 또 해결책을 제시합니다. "우선 1:1 만나볼까?"라고 생각하게 됩니다.

1:1 미팅 시 자신의 모든 문제가 해결되는 경험을 일시적으로 하고, 이것을 지속해서 가져가고 싶은 욕구가 올라옵니다. 그리고 이 사람을 진심으로 믿어볼까 하는 마음이 생깁니다.

결제 후 1:1 코칭을 시작합니다. 개인사를 나누는 것부터 시작하다 보니 가족을 넘어서는 신뢰 관계를 구축하게 됩니다.

1개월 차에는 감정 조절 부분에서 부정적인 감정이 조절되기 시작합니다. 이것만으로도 강의비를 뽑았다고 생각합니다. 왜냐하면, 평생 이렇게 살 것을 1달 만에 고쳤고, 가족 관계, 직장

관계, 사업 관계에서 관계의 주도성을 내가 가져갈 수 있게 되니까요.

교육 2개월 차에는 혼란의 상태에 도달합니다. "이게 맞나?"라는 의심도 들지만 우선 믿어봅니다. 그리고 하라는 대로 행동하기 시작합니다. 신뢰 관계로 힘들어도 피드백을 강하게 하면 끌고 갑니다.

교육 3개월 차, 드디어 사업을 넘어서는 인생의 방향을 잡았습니다. 흔들리지 않게 환경도 세팅되었습니다. 교육 3~6개월 차에는 가르치지 않았는데도 결과가 나오는, 가장 많이 도와주는 사람이 가장 많이 돈을 버는 기적을 체험합니다. 그리고 협업 능력이 최상으로 올라가고, 6개월 안에 강의비를 회수하게 되며, 그 회수 금액이 매달 버는 시스템을 구축합니다.

교육 6개월~1년 차에는 "와, 에이그라운드 아니었으면 내가 과연 행복하고 지속 가능한 사업을 할 수 있었을까?" 하는 생각이 떠오르고, 이를 주변에 이야기합니다.

최종적으로 누군가 사업을 진지하게 고민한다면, 본질을 추구하고 뼈 때리는 것을 좋아하며 언더독 기질이 있는 지인이 있다면 "너 진지하게 사업하고 싶으면 에이그라운드로 가"라고 말합니다.

이런 식으로 디테일하게 대본을 구성하여 이것을 시스템으로 설계를 완성했습니다. 그 이후 모든 SNS상에 저의 본질인 진정성, 뼈 때리는 것, 솔직함, 카리스마, 비대중성, 언더독이라는 가치에 어긋나는 모든 콘텐츠를 삭제했습니다. 제가 무심코 올린 어떤 콘텐츠로 잘못된 고객이 유입될 수 있는 것을 막기 위함이었습니다.

그 이후 퍼널 설계를 ○○ 대표님이 홈페이지를 코딩하여 만들어냈습니다. 이것은 추후 시스템상으로 완성될 것입니다. 퍼널을 훨씬 정교하게 만드는 과정 중입니다.

김서한

@kim_seo_han · 구독자 2.62천명 · 동영상 4개

'1인 기업가를 만드는 성공 법칙'의 저자(2024년 YES24 자기계발서 TOP100), ...더보기

coachkim.kr

채널 맞춤설정   동영상 관리

홈   동영상   재생목록   커뮤니티   Q

'고스팩'이 사업에 물러한 의외의 이유 | 7년의 시행착오 19분 요약

조회수 3.2천회 · 2일 전

내가 '소유'를 완전히 포기한 이유 | 7년의 시행착오 19분 요약

조회수 2.2만회 · 11월 전

자기계발서를 따라해도 돈이 안 모였던 이유 | 시행착오 22분 요약

조회수 5.2천회 · 2주 전

그 이후 ○○ 대표님이 유튜브 PD를 맡아 저의 영혼을 빙의했습니다. 이렇게 저의 내면세계를 잘 아는 PD가 있을까 할 정도로 기적적인 꿈의 고객만 반응하는 유튜브 채널이 완성되었습니다. 그리고 콘텐츠 마케팅 시스템을 정립하였습니다.

저는 주 1회 핵심 타겟들이 반응할 만한 콘텐츠로 글을 1개 발행합니다. 글 1개를 발행하고 바로 유튜브화시킵니다. 이때는 본연의 저의 모습이 잘 나오게 대본이 없습니다. 단, 글의 내용을 생생하게 전달할 때 1주일 이내에 유튜브 촬영을 합니다.

그리고 섬네일 부분도 브랜딩하여 통일했습니다. 이 섬네일과 영상의 분위기, 말의 어투 등이 종합적으로 저의 본질인 진

정성, 통찰력, 카리스마, 솔직함, 언더독 성향과 일치되어 엄청난 공감을 일으켰고, 우리가 만나고 싶어 하는 사람들만 오게 하는 시스템이 되었습니다.

만약 우리가 원한 사람이 아닌 대중적인 사람이 반응하기 시작하면 우리는 클릭하지 못하게 바로 섬네일을 교체합니다. 이것을 우리는 트래픽 조절 기능이라고 부르며, 내가 원하는 꿈의 고객을 벗어나면 섬네일 바꾸기가 원칙입니다.

섬네일을 교체하니 로직을 타는 경우가 적어지고, 공유에 공유하는 비율이 높아져 우리와 생각이 일치되는 꿈의 고객만 반응하게 되었습니다. 또한, 이 글 하나로 make를 이용해 스레드, X, 링크드인에 자동으로 콘텐츠를 뿌리는 시스템도 준비 중입니다.

각각의 플랫폼별 목적은 다음과 같습니다

① 스레드: 링크 클릭 → 유튜브 or 랜딩

② 릴스: 링크 클릭 → 유튜브 or 랜딩

③ 유튜브: 이때부터 시간을 씀 → 전환

④ 책: 유튜브보다 더 집중 → 전환

⑤ 뉴스레터나 책 퍼널, 문자로 주기적으로 나타나기.

이로써 각각의 채널별 목적에 부합하게 프롬프트를 짜주기도 합니다. 그리고 이것은 구독제로 되며, 추가 퍼널이 세팅되어 잠재 고객에게 주기적으로 브랜딩을 합니다.

꿈의 고객만 오게 하는 스텔스 마케팅은 단순한 마케팅 기법이 아닙니다. 고객과 깊은 신뢰를 쌓고, 본질을 추구하는 사람들이 모여 자신들의 가치를 실현할 수 있는 환경을 만드는 과정입니다. 7년간의 시행착오를 통해 얻은 지혜와 경험은, 고객이 진정으로 원하는 것을 이해하고 그에 맞춘 솔루션을 제공하는데 큰 도움이 되었습니다.

에이그라운드 시스템은 이제 꿈의 고객을 끌어모으는 강력한 퍼널을 갖추게 되었고, 이는 지속해서 발전하고 있습니다. 앞으로도 우리는 고객의 목소리에 귀 기울이며, 그들의 요구를 반영하여 더 나은 서비스를 제공할 것입니다. 이 시스템을 통해 우리는 진정한 고객과의 연결을 이루어내고, 서로에게 긍정적인 영향을 미치는 관계를 형성할 수 있습니다. 본질을 추구하고 솔직한 소통을 통해, 우리는 함께 성장하고 발전하는 길을 걸어갈 것입니다. 앞으로도 꿈의 고객과 함께 더욱 빛나는 미래를 만들어나가길 기대합니다.

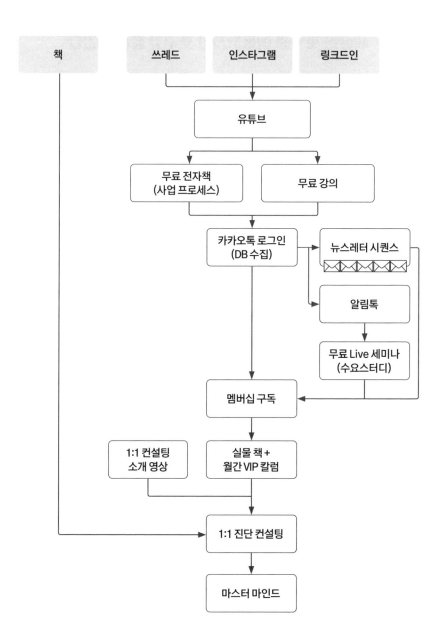

세상은 호구를 이용하지만 호구가 끝내 이긴다

사명 한 줄을 잃지 않고 계속 말하고 행동할 때 일어나는 기적에 관해서 이야기해 보고자 합니다. 지금부터 7년 전, 에이그라운드의 전신인 1인 식품 기업 연구소를 창업할 때 저는 신념과 사명이 무엇인지도 정확히 모른 채로 "호구들이 성공하는 사회를 만들겠다"라는 사명을 정하고 인터넷 카페의 대문에 걸었습니다. 그러고는 매일 코치할 때마다 말했죠. 말도 안 되는 이 말이 나에게 엄청난 시련을 줄지는 예상하지 못했습니다.

우선 호구들을 모아야 해서 카페에 글을 썼습니다. 그 글에 공감한 사람들이 모여들고 시스템이 필요해서 저를 만나기 위해서는 돈을 줘야 하는 시스템을 만들었습니다. 그리고 그 가격을 올려나갔죠. 그리고 이것을 통과한 사람들과 커뮤니티를 만들었습니다. 초반에는 너무나도 순수해서 여기에 돈까지 주고 왔으니 100% 신뢰를 했습니다. 여기서 제가 실수한 것은 단순히 돈을 줬다고 같은 성향이라고 생각했던 것입니다. 이런 방식으로 수년간을 진행하며 "호구가 성공하는 사회는 만들 수 없다"라는 증거만 발견해 나갔습니다.

그런데, 안 된다는 증거가 10개가 나오면, 된다는 증거는 1개 정도가 나오더라고요. 3~4년 차쯤에는 호구라는 말을 정말 싫어하게 되었습니다. 그리고 사명에 대해서 더 깊은 고민을 하고, 베풀고 감사함을 아는 사람들이 성공하는 사회 등으로 추가하고 수정하는 과정을 수도 없이 반복했습니다. 그리고 7년 후, 이 사명의 스피릿이 꺼져갈 때쯤 새로운 개념의 교육 시스템을 도입했습니다. 바로 팀 스탠퍼드라는 시스템입니다. 그런데 이 시스템을 발전시킬수록 제가 7년 전 말했던 "호구가 성공하는 사회"의 스몰 버전인 증거가 수십 개가 쏟아져 나왔습니다.

이 프로젝트에는 원칙이 있습니다. 3개월간 서로 돈 거래를 하지 않는다. 1명의 재능이 5명에게 기여한다. 한 가지 목표를 5명이 기여한다. 이런 식으로 사업을 창조하고 3개월의 데드라인을 만듭니다. 결과적으로 가장 돈을 많이 번 사람은 가장 많이 기여한 사람이 되어버린 시스템이 완성된 후 깜짝 놀랐습니다. "아, 인간이 말한 사명은 시스템화되면 현실이 되는구나"라는 통찰이 왔습니다. 단 6명이라도 소세계를 창조하고 그 세계관 안에서는 그 사명이 상식이 되는 것이죠. 결국, 사회는 사명을 만들고 그 사명을 상식으로 만들어가는 과정이었습니다.

이것을 확인하고 사명을 더 구체화했습니다. 업그레이드된 사명은 "비즈니스의 순수성을 잃지 않는 세계를 창조하는 것"이었습니다. 세상의 교육을 더 나은 방향으로 변화시키고 있습니다. "비즈니스의 순수함을 잃지 않는 세계"라는 우리의 사명처럼, 창립한 그 순간부터 지금까지 그 누구도 해내지 못한 교육에 도전하고 있습니다. 이러한 사실은 우리 스스로 특별하게 만들고 있죠.

우리는 교육을 변화시키는 데 익숙한 사람들이며, 교육을 통해 세상에 변하지 않는 사람은 없다는 것을 증명하고 있습니다. 우리는 우리와 함께 높은 목표를 추구하고 포기하지 않는 사람들, 우리와 함께 세상을 변화시키고자 하는 모험가들과 함께합니다.

우리가 정의하는 모험가는 본질을 추구하고 뼈끝까지 솔직하며, 정직하고, 외면보다 내면을 중시하고 잠재의식의 힘을 믿으며 진정성이 있는 약자 기질을 가진 비정치적인 사람들입니다. 세상은 이 사람들을 사회 부적응자, 이단아, 소수자라고 칭하지만 에이그라운드 세계관 안에서는 반대로 그 사회에 물든 사람들이 이상한 사람들입니다.

만약 지금, 이 순간에도 우리의 사명에 별다른 관심이 생기지 않는다면 이 글을 읽지 마세요. 우리와 함께하면서 행복하기는 쉽지 않을 겁니다. 수백, 수천 명과 함께 해봤지만 맞지 않는 사람들과는 일분일초라도 함께하는 것은 지옥입니다. 하지만 본인이 내 손으로 세상을 변화시킬 수 있다고 믿는 사람들이라면 언제나 높은 목표를 추구하고 타협하지 않는 사람이라면 우리와 반드시 함께해 주세요.

비즈니스의 순수성

우리는 성인 교육 시장에서 시도되지 않는 여러 가지 실험적 시도를 많이 해왔습니다. 가르치지 않고 결과를 만드는 팀 스탠퍼드, 1:1과 그룹 코칭의 융합, 마케팅과 영성의 융합, 부동산과 외식업의 융합, 제조와 도매, 지식 업의 융합 등 트리플 시스템이라고 불리는 개념입니다.

신념과 사명의 통합, 돈의 무의식과 자본주의 융합 등, 그리고 이러한 일련의 경험 속에서 중요한 사실을 알아냈습니다. 우리를 특별하게 만들어 주었던 놀라운 성취는 순수하게 비즈니스가 너무 재밌어서 할 때, 언제나 모든 것이 가능하다는 열린 사고와 높은 목표를 추구하는 우리의 문화를 지켜나갔을 때 그 일관성이 이루어졌을 때 일어났습니다.

비즈니스가 순수하게 너무 재밌어서 게임처럼 하는 것, 이것이 우리의 문화입니다. 우리는 이러한 우리의 문화를 비즈니스의 순수성을 지킨다고 표현하기도 합니다. 비즈니스의 순수성을 지키는 것은 우리가 성공하는 방식입니다. 우리는 문화를 지켜나가는 일을 매우 중요하게 생각합니다. 결국, 사명 한 줄이 6년 뒤 시스템과 세계관에서 현실이 됐듯이, 비즈니스의 순수성을 지키는 것에 타협하지 않을 때 다시 몇 년 뒤 기적적인 현실이 펼쳐질 것입니다.

조인트십은 서로의 신념과 가치를 공유하며 공동의 목표를 향해 나아가는 협력의 형태입니다. 각자가 가진 고유한 재능과 자원을 결합해 시너지를 창출함으로써, 단순히 개인의 성공을 넘어서는 집단의 성공을 이끌 수 있습니다.

주인의 태도를 가진 자가 진짜 주인이 된다

프로젝트를 진행할 때는 사공이 하나여야 목표로 한 세계관을 구현할 수 있습니다. 만약 여러분의 조직 구성원들이 사명과 목표에 대한 강한 주인의식을 가지고 있다면 모든 것이 가능한 상태가 됩니다. 주인의식을 가지라는 말은 마음만 그렇게 먹으라는 말이 아닙니다. 실제로 내가 일의 주인이 되라는 말입니다. 그러려면 첫 삽을 뜨고 마지막 흙을 덮는 일까지 살피려 노력해야 합니다. 또한, 주인의식을 얻으려면 주인의 고민을 내가 대신해 주면 됩니다. 나의 이익보다 오너의 사업을 중요하게 생각할 때 신뢰가 쌓입니다. 주인의식이 있는 사람은 사업이 망하면 내가 망한다고 생각합니다. 목표의 주인이 되는 사람과 그렇지 않은 사람들의 차이는 매우 큽니다.

제가 협업을 할 때 원칙은 무조건 마스터 마인드 교육을 이수해야 하며, 교육 이수 중에 그 사람의 특성을 지속해서 관찰합니다. 12주간에는 개인적인 사업을 주체적으로 진행할 수 있는 교육과 코칭을 하고 그것을 토대로 어떻게 사업에 적용하고 실행하는지 봅니다. 거기에서 주인의식이 결여되었다면 지속해서 코칭을 합니다. 그 후 12주에는 팀 스탠퍼드 개인 스탠퍼드를 진행하는데, 이때 다른 사람들과 어떤 태도와 방식으로 협업을 하는지 봅니다. 이때 나와 맞는 사람과 맞지 않는 사람이 가려지기도 하며, 이론적으로 세운 사업의 원칙이 실전에서 어떻게 적용되는지, 그리고 그 원칙이 지켜지지 않았을 때 어떤 결과를 초래하는지 지속해서 뼈저리게 느끼게 만듭니다.

이 팀 스탠퍼드가 끝나면 주인의식을 갖춘 자와 아직 못 갖춘 자가 갈리게 됩니다. 결과가 그것을 보여줍니다. 실제로 35기 교육 과정에는 4주 차가 끝나기도 전에 2명이 교육비를 다 회수하는 기적이 일어나기도 했습니다. 이 2명은 완벽한 주인의식이 박힌 겁니다. 주인의식을 바탕으로 한 열정과 헌신은 우리가 쉽게 도달할 수 없는 곳까지 갈 수 있도록 도와줍니다. 에이그라운드가 마주했던 놀라운 성취의 구간에는 언제나 구성원들의 놀라운 주인의식이 함께했습니다.

개인에게 있어 주인의식은 뛰어난 전문성보다 가지기 힘든 역량입니다. 실제로 가장 뛰어난 전문성을 가진 사람이 주인의식이 결여되었을 때 아무 결과도 내지 못하는 광경은 수도 없이 많이 봤습니다. 뛰어난 전문가는 흔하지만, 비즈니스에 순수하게 열정을 가진 사람은 흔치 않습니다. 우리는 어떤 상황에서도 순수성을 가진 사람과 함께하길 원합니다. 순수함을 가진 모험가는 상대적으로 전문성이 부족한 경우에도 약간의 시간과 기회가 있으면 뛰어난 전문성을 가집니다.

실제로 35기 과정 중에는 AI를 모르는 평범한 대학생이 2달 만에 자동화 학습을 통해 에이그라운드 콘텐츠에 자동화를 삽입하고, 실전에서 콘텐츠 반응이 뒤처진 것을 지속해서 수정하여 자동화에 영혼이 입혀진 프롬프트를 만들어내기도 했습니다. 하지만 이전 기수의 AI 전문가들은 기술 도구에 매몰되어 AI에 영혼을 입히는 과정을 전혀 수행하지 못했으며, 기술을 실전에 적용하지도 못하는 광경을 보았습니다.

주인의식을 갖춘 비전문가는 때로는 전문가보다 더 나아지기도 합니다. 하지만 반대의 경우에는 대개 그렇게 되지 못합니다. 조직적인 관점에서 주인의식은 목표와 신뢰, 책임에 관한 것입니다. 따라서 우리는 우리가 사업을 하는 이유, 우리의 사명을 무엇보다 중요하게 생각합니다. 그리고 주인의식이 구조적으로 발현되고 지켜질 수 있도록 노력합니다. 이러한 사고를 바탕으로 한 매우 독자적인 사명 중심적인 문화를 가지고 있습니다.

에이그라운드의 목표 중 하나는 모든 구성원이 사명과 목표의 주인이 될 수 있도록 교육과 코칭을 제공하는 것입니다. 에이그라운드는 모든 구성원의 목표와 삶의 주인이 되기를 조직적인 차원에서 지원합니다. 이러한 주인의식과 헌신이 모여 만들어낸 에이그라운드의 비전은 단순히 개인의 성공을 넘어서, 모두가 함께 성장하고 발전할 수 있는 환경을 조성하는 것입니다. 우리와 함께 주인의식을 가지고 세상을 변화시킬 준비된다면, 그 미래는 여러분의 손에 달려 있습니다.

의미가 있는 목표

9년의 사업 기간 가장 후회되는 것 중 하나는 저의 자아실현인 줄도 모르고 무의미한 목표를 추구한 것이었습니다. 예를 들면, 재미있다는 이유로 상관없는 사업을 자아실현을 목적으로 공유 오피스를 만들어 전혀 유명무실하게 만들어 버리거나, 사명과 원칙에 어긋나지만, 어떤 사람을 도와주려고 무의미한 사업을 벌이는 것, 사람을 도와주려고 사람을 채용하는 것 등 수십 개의 실패 사례가 있습니다.

하지만 유의미한 목표를 추구하고 직접 실행하면서 모든 상황이 변했습니다.

- 이 일이 우리의 사명을 이루는 데 필요한가?
- 이 일이 우리의 원칙에 부합하는가?
- 이 일이 우리의 비전에 부합하는가?

이런 질문들을 던지고 이 일을 추진할지 말지 결정합니다. 그리고 작은 타협점 하나라도 보이면 절대 실행하지 않습니다. 심지어 가족도 배제할 수 있습니다. 우리가 말하는 유의미한 목표란 우리뿐만 아니라 세상을 변화시킬 수 있을 만한 가능성을 지닌 것을 의미합니다. 보통 이러한 목표는 매우 혁신적이거나 세상 그 누구도 해본 적 없는 일입니다.

예를 들면, 에이그라운드는 기존 대학교 교육을 대체하고자 합니다. 기존의 쓸데없이 브랜드 싸움을 하는 대학교 교육을 변화시키는 것이며, 대중들에게 심어진 간판, 네트워킹의 장인 대학교를 완벽하게 대체하려는 시도입니다. 보통 이러한 목표는 매우 혁신적이거나 세상 그 누구도 해본 적 없는 일입니다. 따라서 목표의 수준은 높고 달성하기 어려워 대중들의 비난을 받을 수 있습니다.

하지만 대부분의 뛰어난 사람들은 이러한 목표로부터 의미와 가치를 발견합니다. 심지어 갈망하기도 합니다. 우리는 사명으로부터 연간 목표, 매일의 업무에서까지 정말로 유의미한 목표를 추구하고자 합니다. 유의미한 목표를 추구하는 자부심은 주인이 되는 길의 치트키입니다. 이러한 유의미한 목표를 추구하는 과정에서 우리는 끊임없이 질문하고, 자신을 스스로 점검하며, 진정한 의미와 가치를 찾는 여정을 이어갑니다. 우리가 모두 함께 이 목표를 향해 나아갈 때, 비로소 세상을 변화시킬 힘을 얻게 될 것입니다.

신뢰

에이그라운드는 모든 구성원이 스스로 훌륭하게 업무를 진행할 것이라는 신뢰를 전제로 일합니다. 우리는 구성원이 스스로 생각하고 실천하는 데서 최선의 결과가 나온다고 믿습니다. 예를 들면, 유튜브 기획, 촬영, 편집, 퍼널 설계, 세일즈 파트, 개발 업무를 가진 각각의 분들에게 권한과 책임을 모두 부여합니다. 권한과 책임을 부여한다는 것은 그 분야에서 의사 결정까지도 신뢰하고 넘기는 행위입니다. 그리고 심지어 제가 의사 결정의 반대 선에 있더라도 메타인지를 발동시켜서 내가 그 분야에서 모른다면 저의 의견을 꺾고 책임과 권한이 있는 분의 의견을 밀기도 합니다.

우리는 구성원 각자가 우리가 만드는 변화의 주체가 되었다고 느낄 때 얼마나 놀라운 성취를 이룰 수 있는지 지나온 경험으로부터 알 수 있었습니다. 예를 들면, 사명이 일치하며, 주변환경이 일치하고, 대학 교육을 대체하고자 하는 열망이 같다면, 우리는 "뇌가 동일하다"라고 합니다.

구성원 모두의 뇌가 일치된 상태에서 유튜브 전략, 퍼널 전략, 세일즈 전략이 각각의 최고의 전문성을 토대로 가동된다면, 그것은 드래곤볼에서나 볼 법한 퓨전 상태입니다. 정신의 일치가 일어나고 몸은 3~5개가 되어 각각 최고의 융합 상태를 만들어내는 것입니다.

대다수의 다른 조직들은 직원에게 업무를 하달하고 매일의 진행 척도를 감시하곤 합니다. 에이그라운드는 이런 방식보다는 사명의 일치도를 정확하게 하는 것이 더 중요하다고 생각합니다. 우리는 사명을 일치화시키고 목표도 일치화시킵니다. 그러면 자연스럽게 책임감이 급상승하며, 그 책임자에게 신뢰가

200% 이상 생깁니다. 따라서 우리는 업무를 시작하기 전에 사명을 일치화시키고 목표와 결과를 명확하게 하며, 그 결과를 결론 짓는 데 충분한 시간을 씁니다. 이러한 신뢰를 바탕으로 한 업무 환경에서 자부심과 책임감을 느끼고 훌륭한 결과를 만들어냅니다.

책임

에이그라운드에서는 이런 식으로 일한다는 규율이 없습니다. 이는 업무에 대한 신뢰를 기반으로 책임을 지는 것을 의미하며, 예를 들면 유튜브 업무에서는 그 책임자가 규율을 만들고 책임을 집니다. 스스로 어떻게 목표에 기여해야 하는지 알아내야만 합니다. 일반인들은 명확하게 매뉴얼을 주라고 합니다. 하지만 매뉴얼은 주인이 만드는 겁니다. 그러면 각 분야에서 주인과 책임은 책임자에게 있어서 매뉴얼을 스스로 만들어내야 합니다.

에이그라운드에서는 모든 일에 단 한 명의 책임자를 명시합니다. 콘텐츠(유튜브 등) 책임자 ○○○, 세일즈 책임자 ○○○, 퍼널 시스템 책임자 ○○○, 재무, 프로젝트 매니징 책임자 ○○○, 이런 식입니다. 한 가지 주제에 두 명 혹은 여러 명의 책임자를 절대 두지 않습니다. 그리고 오너인 저조차도 그 책임자의 책임과 권한을 침해하지 않습니다. 직접 책임자는 해당 업무의 목표를 완벽히 이해하고 정해진 기한 안에 달성할 수 있도록 해야 하는 책임이 있습니다. 그리고 담당하는 업무의 모든 진행 상황과 디테일을 파악하고 있어야 합니다.

제가 가끔 세일즈에 대한 요청이나 건의가 오면 저는 바로 세일즈 직접 책임자를 연결합니다. 퍼널의 요구가 오면 퍼널 책임자에게 연결합니다. 그리고 그 책임자는 해당 업무에 대한 모든 것을 다 파악하고 완벽한 전문가가 되어야 합니다. 7년간 에이그라운드는 구성원의 대부분이 교육 전문가가 아니었습니다. 다만 기존 학교 교육이 잘못되었다는 생각을 했고 그 교육에 혁신이 필요하다고 생각했습니다. 그리고 수천 년간 바뀌지 않은 학교 교육을 바꾸기 위해 1인 기업 교육부터 시작하여 엄청나게 무시무시한 목표와 함께 대학교를 대체하겠다는 사명을 가진 막중한 책임과 신뢰 권한을 부여받은 도전자들일 뿐이었습니다.

하지만 동시에 강력한 주인의식을 가진 모험가이기도 했습니다. 시간이 흘러 우리는 최초로 가르치지 않는데 결과가 나오는 교육을 완성할 수 있었습니다. 도구 기술 강의가 필요가 없게 된 것이죠. 여기서 우리가 해결한 문제들의 수준은 너무나도 높았으며, 비웃음과 비난, 망할 거라는 악담, 뒤에서 구설수, 재정적 위기, 조직의 정치질 등 정말 험난했던 시간이 있었습니다. 하지만 중요한 것은 유의미한 목표와 신뢰, 책임으로 이루어진 강력한 주인의식이 불가능을 현실로 만들었다는 것입니다.

시작하기 전에 결과를 예상하고 움직여라

'결과를 지도화하고 구체화하는 것'의 중요성

2년 전, 저는 4층짜리 사옥을 세웠습니다. 그때 목표와 비전이 있었습니다. 1인 기업의 메가스터디, 연 매출 20억 달성 같은 것들이었죠. 목표를 이루기 위해 많은 직원을 채용하고, 막대한 광고비를 쏟아부었습니다. 하지만 몸이 먼저 반응했습니다. 가슴이 답답하고, 숨이 막혔죠. 제 몸이 거부 반응을 일으킨 것입니다. 더 심각한 문제는, 저 말고는 아무도 이 목표에 진정한 관심이 없었다는 점이었습니다. 12명의 직원이 있었지만, 결국 혼자 일하는 기분이었습니다.

그때 깨달았습니다. 숫자를 목표로 삼는 것은 의미가 없다는 것을. 비즈니스에서 숫자가 중요하다는 말이 있지만, 그런 목표는 끝없는 비교와 경쟁만을 낳을 뿐입니다. '업계 1위', '매출 ○○% 상승' 같은 목표는 대표만의 것이지, 직원이나 고객은 신경 쓰지 않습니다. 또 다른 실수는 회사 내부 시스템을 체계화하는 데 집착한 것이었습니다. 슬랙과 노션을 도입했지만, 2년이 지난 지금 저는 로그인 정보조차 기억하지 못합니다. 이런 도구들은 있어 보이고 스타트업스럽지만, 우리 현실과는 맞지 않았습니다. 그래서 버렸습니다. 대신 선택한 것이 '결과의 구체화'였습니다.

저는 결론을 먼저 내리고, 그 결론을 도출하기 위한 과정만을 화이트보드에 적고 수정하는 방식으로 바꿨습니다. 노션과 슬랙? 전부 쓰레기통에 넣었습니다. 중요한 것은 업무를 시작하기 전에 결과를 완전히 예측하는 것입니다. 결과를 알고 시작하면, 실패하는 것이 오히려 더 어렵습니다.

에이그라운드는 '결과의 지도화'를 철저히 실행합니다. 비즈니스가 고객과 사회에 미칠 영향을 예측하고, 성공 가능성을 높이기 위해 목표를 구체화합니다. 이를 위해 우리는 '구전 모먼트'를 활용합니다. 구전 모먼트란 아이디어가 성공했을 때 고객과 세상이 어떤 반응을 보일지를 예측하는 도구입니다. 즉, 우리의 비즈니스가 실제로 실행되었을 때 사람들이 어떤 말을 하게 될지를 미리 설계하는 것입니다.

예를 들어, 신문 기사 헤드라인, 유명인의 소개 멘트, 고객의 입소문, 기자회견장의 담당자 발언 등을 미리 작성해 봅니다. 이를 통해 고객 가치가 실현되었을 때 어떤 반응이 나올지를 시뮬레이션하는 것입니다. 우리는 매일 1:1 미팅과 그룹 코칭을 진행하며, 고객이 하는 말 중에서 구전될 가능성이 큰 핵심 메시지를 포착합니다. 그리고 그것을 더 강화하기 위한 전략을 화이트보드에 적고, 실행하며, 지속해서 검증합니다. '고객이 어떤 말을 하게 될 것인가?'를 중심에 두면 목표 달성을 위한 방향성과 원칙이 훨씬 더 명확해집니다.

실제로 최근 그룹 코칭이나 진단 컨설팅을 진행하다 보면 이런 말을 자주 듣습니다. "에이그라운드 아니었으면 사업이 큰일 날 뻔했다." "혹시 의사세요? 어떻게 한 방에 문제를 해결하시죠?" 이런 말들이 바로 우리가 기대한 구전 모먼트입니다.

우리는 구전 모먼트를 발견하면, 그 말을 더 강력하게 만들 전략을 교육과 코칭에 반영하고, 빈도를 높이는 방안을 고민합니다. 고객이 어떤 말을 하게 될지를 예상하는 것만으로도 목표 달성을 위한 강력한 원칙과 방향성이 설정됩니다.

반면, '매출 50% 상승' 같은 숫자 목표는 방향성을 제공하지 않습니다. 이 목표로는 우리가 무엇을 해야 하고, 무엇을 하지 말아야 하는지 알 수 없습니다. 비즈니스에서 가장 중요한 것은 수치가 아니라, 고객이 실제로 하게 될 단 한마디의 말입니다.
그래서 우리는 업무를 시작할 때 이렇게 질문합니다.

"그 일을 성공시키면, 어떤 구전 모먼트를 만들 수 있을까요?"

조인트십

5장

성공적인 조인트십
사례 분석

신념이 같은 사람들은 결국 같은 곳에서 만난다

이 조인트십 사례는 저의 비어 있는 오피스를 어떻게 하면 월 세를 줄이면서 나의 교육시스템과 시너지를 낼 수 있는 아이디 어가 없을까? 라는 생각에서 출발했습니다. 정말 아무것도 아닌 평범한 사람에게서 시작해서 엄청난 성과를 내는 대표님들부터 혼자서 고집부리다가 포기하고 에이그라운드에 다시는 연락하 지 않는 대표님들까지 무수히 많은 사례를 직접 봤습니다.

문득 이런 생각이 올라왔습니다. 어떻게 컨설팅 회원도 아니 고, 아무런 도구 기술이 없었던 내 직원이 내 옆에서 일했다는 이유로 이렇게까지 빠르게 성장할 수 있었을까? 이 생각을 계기 로 몇 주간 혼자 고민에 빠졌습니다. 그리고 이번에 월 1천만 원 을 벌어온 제 직원과 엄청난 성과를 내던 대표님들은 다음 4가 지의 분명한 공통점이 있다는 사실을 발견했습니다.

| 1 | 사명 & 목표를 지속해서 발전시키고 유지하게 시켰다.

제 직원인 평화를 제 옆에 두고 끊임없이 사명과 목표를 상기 시켜줬습니다. 매번 마주칠 때마다 물어보니 이제 자신의 사명 과 목표를 1초 만에 대답할 수 있게 됐습니다. 성과를 내는 대표님들 또한 마찬가지입니다. 자신의 사명과 목표가 명확하니 제가 코치하기가 쉽습니다. 이들과 코치하면 20분 만에 코치가 끝나는 이상한 현상을 발견했습니다.

사실 이런 상태가 가장 이상적인 형태의 코치입니다. 명확한 사명과 신념이 세팅되고, 무의식을 통해서 강력한 행동력을 이미 가지고 있으므로 저는 방향성만 잘 조정해주면 되기 때문입니다.

| 2 | 주변 동료

제가 2년 동안 평화를 바로 옆에서 지켜봤습니다. 아무것도 없던 평화의 정체성이 사업가로 180도 바뀌어있다는 것을 발견했습니다. 아마 에이그라운드에 오시는 다른 사업가분들이 수익 성과를 내는 것을 보면서 자신도 할 수 있을 것 같다는 자신감＋정체성의 변화가 온 것 같습니다. 매일 그런 분들과 이야기를 하면서 얻은 인사이트를 자신에게 적용하다 보니 자신도 모르게 엄청난 성장을 한 것 같습니다.

엄청난 성과를 낸 대표님들을 보면 이런 공통점이 있습니다. 바로 '혼자서 고민하지 않았다'는 점입니다. 이들은 문제가 생길 때마다 적극적으로 저 김서한을 활용했습니다. 자주 이곳에

와서 에이그라운드 사람들과 함께 네트워킹하면서 자신의 주변 환경을 플러스 에너지가 가득하도록 바꿔나갔습니다.

|3| 몰입 환경 (혹은 책임져야 하는 사람)

특히 자신에게 책임져야 할 것들이 있는, 예를 들어 빚이 2억이 있다든지, 아이를 먹여 살려야 한다든지, 책임질 가족이 있다든지…. 이런 대표님들을 보면 제가 놀랄 정도로 정말 가파른 성장 곡선을 만들어냅니다. 이러한 엄청난 책임감이 이들이 성과를 '내야만' 하도록 매일 몰아붙였을 겁니다. 핑계, 불안, 후회를 뒤로 한 채 앞으로 나아가야만, 즉 행동해야만 하는 상황이었을 것입니다.

나와 평화는 직원 대 대표 관계이다 보니, 내가 준 업무를 데드라인까지 끝낼 수밖에 없었습니다. 즉 제 직원은 자연스럽게 자신을 더 몰아붙이게 되고, 그렇게 자신의 임계점을 계속해서 넘기면서 성장했을 것입니다.

|4| 나와 콘택트 빈도가 높았다.

• 월 2회 엑셀레이팅 컨설팅 + 1:1 미팅을 6개월에서 1년간 지속해

서 왔다.
- 아니면, 사무실에 계속 출연하고 적극적으로 시키는 것을 다 완수했다.
- 제 말을 아예 입어 버린다. 즉, 말 그대로, 말을 그대로 옷을 입는 것처럼 판단 하지 않고 그냥 한다.

제가 말하는 것의 의미는 1년 뒤 2년 뒤 경험하지 않으면 깨닫지 못하는 것이 매우 많아서 사실 안 믿겨도 그냥 하는 게 이득입니다. 그런데 환경이 세팅되지 않으면 제 말을 오해해서 듣거나 다른 관점이 자주 들어와서 혼란스러울 수 있습니다.

저는 컨설팅 회원들에게 돈을 벌어줘야 한다는 엄청난 책임감과 소명 의식이 있습니다. 그래서 이번에 제 직원을 월 1천만 원을 버는 사업가로 만들어버린 시스템을 복제하여 '에이그라운드 X 몰입'이라는 프로그램을 만들게 되었습니다.

때마침 한 컨설팅 회원이 사무실을 무료로 사용해도 되냐고 요청해 주었고, 이를 수락했습니다. 그분의 잠재력이 이 커뮤니티를 잘 만들어낼 것이라는 확신이 들어, 전적으로 공유 오피스 구축을 맡겼습니다. 바로 에이그라운드입니다. 이곳에서 저와 함께 일하면서 몰입할 수밖에 없는 환경을 제공하려고 합니다. 아래는 몰입 커뮤니티의 혜택 예시입니다.

① 에이그라운드 내 개인 업무 공간 제공 (한강 뷰 공유 오피스) - 최소 월 50만 원 가치

② 몰입 관리 시스템 제공 - 최소 월 300만 원 가치.
매일 아침 목표, 사명, 돈의 무의식을 관리하는 시간을 가집니다. 사명과 돈의 무의식은 매일 제대로 관리하지 않으면 분명 후회가 올 겁니다.

③ 낮잠 공간 제공

④ 몰입 전용 공간 제공

⑤ 스케줄 관리

⑥ 사업에 열정적인 주변 동료들과 네트워킹 프로그램 제공 - 최소 1억 원 이상의 가치

⑦ 인사이트 넘치는 매일 저녁 독서 & 토론 모임 진행 - 최소 500만 원 가치

⑧ 저와 함께 매주 목요일 오후 1시에 커피 + 산책 - 진짜 이건 미친 기회입니다 - 최소 1,000만 원 가치

⑨ 3,000권 읽으면서 추려낸 좋은 책들 + 시중의 절판 책을 에이그라운드에서 무한 제공 - 최소 1,000만 원의 가치

이 모든 혜택의 최소 총 가치가 1억 2,850만 원에 이릅니다. 그런데 이 모든 것을 월 30만 원에 제공한다면 믿으실 건가요?

이 프로그램을 통해 대표님들은 2024년 반드시 월 1,000만 원을 만들어야 할 것입니다. 이 프로그램을 통해 대표님들은 주에 100시간 이상의 몰입 경험을 하게 될 것이고, 혼자가 아닌 열정 있는 주변 동료들과 함께 엄청난 성과를 만들어나갈 것입니다. 또한, 지금보다 2배 빠르게 목표를 이룰 수 있을 것입니다.

이건 제가 돈을 벌려고 하는 것이 아니라, 진짜 각오가 된 사람들을 전폭 지원하는 프로그램입니다. 그러므로 돈을 준다고 아무나 들어올 수는 없습니다. 진정한 열정이 있고, 2024년에 월 1,000만 원을 벌 각오가 된 사람들만 인터뷰를 통해 선발할 예정입니다.

이 프로그램을 기획하는 단계에서 다른 대표님들의 러브콜이 미친 듯이 들어오고 있습니다. 에이그라운드 공간이 제한적이기 때문에 자리가 차면 오랫동안 쉽게 자리가 나오지 않을 것 같습니다.

이런 식으로 혜택을 정리하고 공유사무실을 시작했습니다. 첫 달에 15명이 들어와서 재등록률이 80%에 육박하며 6개월 이상 운영 중입니다. 그리고 몰입의 리더를 뽑아 공짜로 하드웨어를 빌려주는 공간까지 확보된 상태입니다.

몰입 커뮤니티를 에이그라운드 공간에서 시작하여, 이제는 몰입 커뮤니티 2호점을 시작했습니다. 비어있던 오피스를 활용하여 월세를 줄이는 동시에, 교육 시스템과 시너지를 내는 방안을 찾은 결과, 이 커뮤니티는 단순한 업무 공간을 넘어 서로의 목표를 지지하고 격려하는 소중한 네트워크로 발전하게 되었습니다.

몰입 커뮤니티의 운영에서 사명과 목표 설정의 중요성을 다시 한번 확인할 수 있었습니다. 주변의 긍정적인 에너지는 개인의 성장뿐 아니라 커뮤니티 전체의 성과를 끌어내는 원동력이 되고 있습니다. 또한, 책임감이 강한 분들이 모인 이곳에서의 몰입 환경은 각자의 목표를 향한 지속적인 동기부여가 되고 있습니다.

몰입 커뮤니티를 통해 2025년에는 반드시 월 1,000만 원을 만들어내는 성과를 이루어낼 것입니다. 열정 있는 동료들과 함께하는 경험은 혼자서는 얻을 수 없는 귀중한 자산이 될 것이며, 이를 통해 목표를 2배 빠르게 이룰 기회를 받게 될 것입니다.

성공과 실패는 방향이 다를 뿐, 속도는 비슷하다

비즈니스 세계에서 성공과 실패의 차이는 종종 미세한 경계에 놓여 있습니다. 한 사람의 결정, 실행력, 그리고 수용력은 결과에 지대한 영향을 미칠 수 있습니다. 성공적인 사례와 실패한 사례를 통해 우리는 무엇이 차이를 만드는지, 그리고 어떤 요소들이 성공을 이끄는지를 고민해볼 수 있습니다. 저와 함께한 조인트십의 다양한 사례를 통해 성공과 실패의 요인을 분석하고, 각기 다른 비즈니스 환경에서 어떻게 성공적인 결과를 얻었는지 살펴보겠습니다.

1. 다점포 가이더	11. 디지털 노다지
2. 이수정(마케팅 대행사)	12. 김가희(리딩메이트)
3. 오슬기(신탁 공매, 생기부)	13. 성주연(대전 디자이너)
4. 릴스해커	14. 이평화(릴스 대행사)
5. 인별천재	15. 문과대기업취업컨설팅
6. 괴도머니	16. 신우리(책대필마케팅대행)
7. 러브미겸	17. 발레학원
8. 이성영	18. 키토제닉
9. 세무＋회계사	19. 마케팅뷰(서별님)
10. 회로 설계 삼코치	

| 1 | 다점포 가이더

2020년 코로나 때, 많은 외식업자가 코칭을 받으려고 저를 찾아왔습니다. 그때 가장 저와 소울이 맞는 대표가 있었는데, 그분은 15개 프랜차이즈를 운영하다가 코로나 때문에 무너져서 사무실 보증금만 빼고 오신 분이었습니다. 그때 저는 내공이 별로 없었지만 뭔가 촉이 왔다고 하더군요.

컨설팅을 시작하면서 아이디어가 떠올랐습니다. 그분은 15개 점포를 운영해본 경험이 있었고, 그 성공과 실패를 모두 경험했습니다. 그 경험을 나누라고 조언했습니다. 대표님과 같은 경험을 사전에 알고 시행착오를 피하고 싶어 하는 사람들이 분명 있다고 생각했기 때문이죠. 그리고 갑자기 떠오른 이름이 "다점포왕"이었습니다.

경험을 나누는 데 3개월이 걸렸습니다. 글을 써본 적이 없는 사람이라 첫 글은 10시간을 써서 저에게 검사를 맡겼습니다. 사실 글을 잘 쓰지 않았는데, 제가 엄청나게 잘 썼다고 했죠. 그 후로 탄력을 받아 하루에 1개씩 글이 나오더니, 전자책이 출간되고 타 유튜브에도 출연하게 되었습니다. 카페에는 몇백 명이 모였고, 제가 알려준 대로 무료 강의를 진행한 결과 한 번에 5천만 원을 벌어버렸습니다.

그 후로 2년 반이 지난 지금, 집도 사고 건물도 사며 가족들과 동료들과 정말 행복하게 살고 있습니다.

| 2 | 이수정(마케팅 대행사)

1~2년 전, 온라인 경험이 전혀 없는 한 부부가 저를 찾아왔습니다. 남편은 10억 원의 빚을 안고 있었고, 상황이 어려운 가운데 부인은 보통이 아니었습니다. 그들은 "모른다"라고 했지만, 호떡 장사와 꽃집 등 다양한 경험이 있었습니다. 그래서 저는 대행사라는 개념을 처음 소개하며, 크몽과 같은 플랫폼에서 기초적인 내용을 가르쳤습니다.

남편은 실무를 맡고, 부인은 전략과 고객 서비스 등을 담당하게 되었습니다. 그렇게 한 달에 300만 원, 두 달에 500만 원 수익을 올리더니, 결국 월 1천만 원을 넘는 수익을 올리게 되었고, 지금은 거의 5천만 원에서 1억 원을 벌고 있습니다. 현재 그들은 조직 관리에 대한 조언을 저에게 받으며, 매우 잘하고 있습니다.

그렇게 잘할 수 있었던 이유는 즉각적인 실행이었습니다. 이 부부는 10년 동안 책을 읽고 실행하며 쌓은 장사 경험이 있었습니다. 삼성전자의 서비스 모델을 대행사에 적용하고, 업의 본질을 서비스업으로 정의하며 철저한 재구매 관리를 삼성처럼 했던 것입니다. 이러한 접근 방식이 그들의 성공에 큰 기여를 한 것으로 생각합니다.

| 3 | 오슬기 (신탁 공매, 생활기록부)

지방에서 수학학원 원장님이 찾아오셨습니다. 그분은 부업으로 신탁 공매도, 로켓 그로스, 무인 주차, 스터디 카페 등 다양한 일을 벌였지만, 정작 자신의 '원씽'을 찾지 못한 상태로 오셨습니다. 사실 저는 학원 선생님들에 대한 편견을 가지고 있었습니다. 가르치는 역할을 하는 분들이기 때문에 남의 말을 잘 듣지 않는 경향이 있다고 생각했기 때문입니다.

하지만 이 원장님은 이상하게도 수용력이 높았습니다. 제가 하는 말을 그대로 실행에 옮기는 모습이 인상적이었습니다. 나중에 물어보니, 자신이 나보다 수준이 높다고 생각하면 수용력이 높아진다고 하더군요. 이런 태도가 그분의 성공에 큰 영향을 미쳤다고 생각합니다.

그래서 저는 트리플 시스템을 설계하기 시작했습니다. 명확하게 하나의 아이디어가 나왔고, 그것은 신탁 공매였습니다. 이 지식을 가르치는 지식 업을 세팅하고, 오카방과 퍼널을 설정하여 한 번의 무료 강의로 5천만 원의 매출을 올리게 되었습니다.

또한, 두 번째 트리플 시스템으로는 수학학원 원장님의 본업과 관련된 아이디어가 나왔습니다. 현재 대입 전형에서 수시가 확대되면서 생활기록부의 비중이 높아지고 있는데, 이에 따라 생활기록부 컨설팅을 시작했습니다. 원장님은 운영하는 스터디 카페에서 무료 진단을 제공하기 시작했고, 이 또한 월 몇천만 원의 수익을 꾸준히 만들어내기 시작했습니다.

두 개의 사업을 통해 안정적인 현금 흐름을 확보하고, 본격적으로 부동산을 매수하기 시작했습니다. 패시브 인컴도 가속화되어 나오기 시작했습니다.

요약하면,

① 수용력과 실행력의 조합으로 결과를 낸다.
② 자신의 본업에 연관된 트리플 시스템으로 신탁 공매, 생활기록부 시스템 설계
③ 수익을 바로 자산에 투자해서 안정적인 자본주의 시스템 완성

|4| 릴스해커

스마트 스토어로 월 매출 1억 원을 올리는 동업자 두 분이 저

에게 컨설팅을 받으러 왔습니다. 그들은 1억 원 이상의 매출을 올렸지만, 다음 단계에서 무엇을 해야 할지 고민하고 있었습니다. 그래서 저는 그들의 잠재의식을 살펴보았습니다. 두 분의 공통점은 부모님의 사업이 어려움을 겪고 있다는 점과, 이를 도와 일으키고 싶다는 강한 욕구였습니다. 이 발견은 그들의 동기를 더욱 확고히 해주었습니다.

또한, 저는 그들이 폴리메스적인 사고를 하고 있으며, 세상을 이롭게 변화시키고자 하는 신념을 가지고 있다는 사실도 알게 되었습니다. 이를 바탕으로 1년 동안 다양한 사업 구조를 트리플 시스템으로 실험했습니다. 스토어 강의, 상세페이지 대행, 커뮤니티 운영 등 여러 사업을 경험한 끝에 단 하나의 아이디어가 눈에 들어왔습니다. 부모님의 사업은 자영업이었고, 이를 도와주는 방법으로 스마트 스토어에서 라이브 커머스를 한 경험과 연결됐을 때 인스타의 릴스였습니다.

릴스에 집중하기로 했고, 약 11개월 동안 스마트 스토어의 수익을 포기한 채 영상 분석만을 계속했습니다. 그러던 중 한 번의 작업이 끝나고 그들이 저에게 보여준 영상이 있었습니다. 영상을 보는 순간, "이건 나의 레벨을 한참 뛰어넘었다"라는 생각이 들었습니다.

이 사람들은 우리나라의 릴스 1탑이 될 것이라는 확신이 생겼고, 그 확신은 점점 더 강화되었습니다. 릴스 프로그램은 제가 대학교 시절에 프로그래밍했던 경험과 연결되어 "커넥팅 더 닷"이 되었습니다. 또한, 릴스 콘텐츠를 라이브 커머스로 진행했던 경험이 큰 도움이 되었습니다. 퍼널 마케팅에 대한 간단한 정보를 알려주었더니, 그들은 릴스로 오카방 1,500명을 4개 방에 꽉 채우고 한 번의 강의로 거의 7천만 원 이상의 수익을 올리게 되었습니다.

현재는 연예인부터, 대기업까지 이 사람들에게 릴스 콘텐츠를 맡기게 되었습니다. 이제 자신들의 경험과 노하우를 통해 더 큰 성공을 이어가고 있으며, 그 과정에서 많은 사람에게 긍정적인 영향을 미치고 있습니다.

요약하면,

① 사업의 중간지점에 혼란이 있을 때 멘토가 필요하다, 그 멘토는 될 놈들이 잠시 방황할 때 스쳐 지나가는 1명이다. 그리고 그 존재가 그 시기에 필요하다.

② 여러 가지 폴리메스적으로 건드렸던 것은 차후 원씽을 도출하는 데 커넥팅 더 닷이 된다.

| 5 | 인별천재

6년 전, 한 개발자 직장인이 저에게 찾아왔습니다. 저에게 끌려서 등록하게 되었고, 처음에는 다른 사람의 홈페이지 외주 작업을 통해 1천만 원 이상을 벌었습니다. 하지만 이 과정에서 다른 사람의 요구에 맞춰야 하다 보니 매우 힘든 시간을 보냈고, 고객과의 트러블로 어려움을 겪기도 했습니다.

그러던 중 우연히 인스타그램을 시작하게 되었고, 얼굴을 공개하지 않고도 팔로워 수가 1만 명에 도달했습니다. 이 기회를 활용해 인스타그램 프로그램을 만들고, 인스타 강의를 통해 다시 몇천만 원의 수익을 올리게 되었습니다.

그 후, 그는 숏츠 콘텐츠 제작에 도전하게 되었고, 이 콘텐츠가 대박이 나면서 숏츠 강사로서의 길이 열렸습니다. 그는 클래스유에 추천받아 숏츠 강사로 활동하게 되었고, 현재는 숏츠 분야에서 1위 강사가 되었습니다. 그의 유튜브 채널 구독자는 19만 명에 달하며, 미용실과 유튜브 간의 협업까지 하게 되었습니다.

요약하면,

① 모든 업은 연결되어 있다. 개발과 인스타 유튜브는 연결되어

있다.

② 의사 결정력을 늘리기 위해 거의 6년 동안 코칭했다. 성장 구간

마다 멘토 역할이 정말 중요하다.

③ 내성적인 사람도 마인드만 깨면 인스타 유튜브로 성공하는 것

이 진짜 가능하다.

|6| 괴도머니

이분과의 인연은 벌써 4년 정도 됩니다. 처음 저와 인연이 된

것은 제가 식품 제조, 유통, 마케팅 컨설팅을 할 때, 이분은 건강

기능 식품 분야에서 같은 업종으로 활동하고 있었습니다. 제가

역으로 이분에게 컨설팅을 받다가 결국 이분도 제 컨설팅을 받

게 된 사례입니다.

우선 이분의 시스템을 제가 만든 지식 창업 시스템으로 구성

해주고, 한 달 정도 세팅을 하니 매출이 폭발적으로 늘기 시작

했습니다. 그렇게 잘나가던 중, 지식 창업에서 구설수 이슈가

발생했습니다. 어린 나이에 힘든 경험을 한 이분은 여러 사람에

게 도움을 요청했지만, 실질적인 도움을 받지 못하다가 마지막

으로 저에게 연락을 주었습니다.

제가 가진 모든 강의를 지원해 주며, 제 강의를 그 수강생에

게 무료로 제공했습니다. 이분에게는 소량의 피만 받았습니다. 구설수로 이슈가 된 강사는 그 이후 다시 살아났고, 지식 업과 건강 기능 식품 도매업의 매출이 폭발적으로 증가했습니다. 브랜드까지 1~2년 구축하여 지금은 도매업과 브랜드업으로 메인으로 월 매출 5억 원 이상을 내는 존경하는 어린 사업가가 되었습니다.

요약하면,

① 나보다 조금 앞서 간 사람의 말을 1년만 잘 들으면 그 사람을 초월한다.
② 트리플 시스템으로 지식 업, 도매, 소매하다가 강점이 나온 도매를 확장하고 그 자금으로 소매를 키워 수출까지 완성한다.
③ 진짜 어려운 상황일 때 실질적인 도움을 줄 수 있는 사람과 함께해야 한다.

|7| 러브미겸

온라인 쇼핑몰로 70~80억 원까지 성장했다가 번아웃이 와서 잠시 쉬고 있었던 분이 찾아왔습니다. 세상 밖으로 나가야 하는데 잘 안 된다고 하며 조금 더 쉬고 싶다고 했습니다. 그래서 몇 개월 동안 자기 자신에 대해 파악할 시간을 주고, 계속 1:1 코칭을 해드렸습니다.

무리한 과다한 업무와 자금의 결핍으로 세운 사업이 감당할 수 없는 돈과 사람들로 인해 문제가 발생했습니다. 사업이 자기와 맞지 않는다고까지 느끼게 되었죠. 지속한 코칭을 통해 비교 의식과 우월 의식을 내려놓고, 자신이 진짜 원하는 것은 타인에게 기여하는 것이라는 것을 깨닫게 되었습니다. 결국, 자신을 드러내는 것을 극복하고 쇼핑몰 운영자들에게 기여하는 컨설팅에서 탑을 찍으며, 다시 쇼핑몰을 재출발하게 되었습니다.

남편도 컨설팅을 받았는데, 사귀기 전에 꼭 친해져서 오라고 했다가 사귀고 결혼까지 하였습니다. 두 분이 쇼핑몰로 서로 시너지를 내며 연애와 결혼까지 이어지면서, 부부가 함께 상의하며 파트너십을 맺었습니다.

요약하면,

① 원래 될 사람은 데스벨리에서 힘들 때 누군가의 도움이 필요하다.
② 자신이 진짜 원하는 것을 찾는 기간이 필요하다.
③ 매출을 올려도 순수익과 검소한 생활 습관이 필요하다.
④ 비교 의식과 우월 의식을 조절할 때 기적이 일어난다.

|8| 이성영

대기업에서 관리자로 일하던 이 친구는 여자친구의 카페가 망해가는 것을 보고 사업에 뛰어들기로 했습니다. 그는 위탁판매로 작은 스토어와 함께하고 있었습니다.

정말 다행인 것은 이 친구가 제가 비전 보드에 걸려 있어서 내면적으로 저를 받아들여 줬고, 딱 1~2년간 제가 하라는 대로만 했다는 점입니다. 우선, 제가 오프라인 카페에 트리플 시스템을 적용시켜 스콘을 지역 전체로 배달하도록 변경하고, 매주 라이브 커머스를 진행했습니다.

케이크도 지역 전체로 배달시키고, 마지막에는 케이크 창업반까지 운영하면서 작은 카페에서 월 순익 2천만 원을 만들어냈습니다. 또한, 카페에 파티용품을 파는 위탁 판매를 통해 온라인 판매로 B2C와 B2B로 확장하여 사무실을 거의 50평으로 넓히고, 20억 원의 매출을 기록하게 되었습니다. 최근에는 성과 사례인 릴스 강의로 200만 조회 수가 나와 케이크가 계속 매진되는 기현상까지 발생했습니다.

요약하면,

①사업 초기엔 롤 모델 한 명을 그냥 다 흡수한다.

② 오프라인의 틀에 박히지 말고 변칙적 창의적 아이디어가 실행되어야 한다.

|9| 세무*회계사

3년 전쯤, 투잡을 하면서 계속 삽질하던 분이 찾아왔습니다. 세무와 회계를 함께 하시는 분인데, 와인바를 운영하다가 망하고 비투비 사이트를 개설했으나 실패하며 여러 가지를 시도하던 중에 제 컨설팅을 받게 되었습니다.

저는 그의 사명과 신념을 바탕으로 트리플 시스템을 세팅했습니다. 세무 코칭을 통해 이커머스와 사업자분들의 영업을 확보하고 본업을 강화하며, 비투비 사이트는 하지 말고 특판 쪽으로 마케팅 에너지를 집중하지 않도록 했습니다. 이렇게 본업을 강화하고 투잡 라인을 확장해 나갔습니다.

1년 뒤, 그는 3년 뒤 후기를 남겼습니다. 특판에 손댄 결과, 2년 전후기로 월 매출 7천만 원 인증을 해주셨고, 어제는 또 1억 원 매출 인증을 해주셨습니다. 사무실도 20평에서 50평으로 확장되었으며, 회계사와 세무사 업무도 진행하고 계십니다.

요약하면,

① 본업을 강화하고 투잡 라인을 확장하는 것이 중요하다.

② 특판을 통해 매출을 많이 증가시킬 수 있다.

③ 사무실 공간의 확장은 사업 성장의 증거이다.

| 10 | 회로 설계 삼코치

대기업에서 일하면서 취업 컨설팅을 통해 약 500만 원 정도의 부수입을 올리고 있었습니다. 2년 정도 활동하면서 인풋은 많았지만 적용하지 못한 것이 문제였습니다. 여러 강의와 유튜브를 보며 공부했지만, 사수 같은 멘토가 필요하다는 것을 깨달았습니다.

확신이 없던 것이 문제였고, 저와 만나고 나서 에너지가 통했는지 바로 인생을 걸기로 했습니다. 그러고 나서 힘든 과제를 막내에게 주었는데, 그는 모두 해내고 말았습니다. 대기업에 다니는 사람 같지 않았습니다. 알고 보니 회사 화장실에서 일했다고 합니다.

아이디어를 즉시 실행하기 시작하더니, 만난 지 2달도 안 돼서 2천만 원을 찍었고, 심지어 매달 그 수익을 유지하고 있습니다.

요약하면,

① 관중석에 앉아 있지 말고 플레이어가 되어야 한다. 과제를 모조리 다하고 실행해 버린다.

② 자기 확신을 극대화해 줄 파트너를 만나면 바로 수익이 지속해서 늘어난다.

③ 회사 다녀서 시간 없는 건 100% 핑계다

|11| 디지털노다지

구매 대행을 업으로 하는 유튜버가 코칭에 왔습니다. 나름 온라인 사업을 잘해왔다고 생각했는데 이런저런 사업에서 시도하다가 실패해서 멘탈이 나갔었죠. 과정 안에서도 여러 번 멘탈이 나갔다가 사명을 붙잡고 버티다가 가슴에 일단 행동하자는 것이 들어왔어요.

그때부터 그의 모습이 바뀌기 시작했습니다. 아내와 파트너가 되어 일본 유통 비즈니스 유튜버와 콜라보를 하기로 했습니다. 일본 유통업체는 사람들을 한국에 초청하고, 아내는 일본인 대상 유통 유튜버로 활동하기로 했습니다.

일단 행동하고 보니, 구매 대행 프로그램 개발자와 수익 배분을 하기도 하고, 현재 진행 중인 구매 대행 컨설팅도 1,500만 원을 넘겼습니다. 일본 비즈니스 해외 콘텐츠를 흡수하면서 역발

상으로 일본인 대상 유통과 콘텐츠를 결합하고, 일본 해외 비즈니스 콘텐츠 수입, 한국인 대상 일본 구매 대행과 중국 구매 대행까지 확장하게 되었습니다.

요약하면,

①여러 가지 낚싯대를 생각의 제한 없이 시도하면 생각지도 못한 방향이 생긴다.

②사명이 가슴에 들어오면 알아서 행동하고 성과가 예측 불가능하다.

③타인이 믿어주고 비전에 공감하면 그 사업은 반드시 된다.

|12| 김가희(리딩메이트)

한 여자분이 찾아왔습니다. 그분은 필라테스 강사, 고시 공부, 카페 운영 등 다양한 일을 하며 아이디어도 엄청 많았습니다. 여러 가지를 실행하긴 했지만, 릴스를 보면 웃긴 모습도 있었고, 뭔가 비어 보였습니다.

그래서 도대체 본질이 무엇인지 여러 가지로 물어봤고, 그렇게 1년이 지났습니다. 가족을 이해하게 되었고, 미국으로 여행을 갔는데 그곳에서 차량털이를 당했습니다. 그동안 준비한 모든 것이 날아갔고, 노트북에 저장된 자료가 모두 사라졌습니다.

하지만 부하율이 줄어들면서 마음이 백지가 되었고, 그 과정에서 하나의 신념만 기억났습니다. 그 신념을 바탕으로 사명을 도출하고 전략을 세우다가 독서 논술 학원이 떠올랐고, 바로 실행에 옮겼습니다.

독서 논술 학원을 차린 후, 렌트 프리 기간 동안 투자금을 모두 회수했고, 지금은 3~4개의 프랜차이즈 오너가 되었습니다.

요약하면,

① 본질을 찾는 과정에서의 깨달음이 중요하다.
② 어려운 상황 속에서도 신념을 통해 방향성을 찾을 수 있다.
③ 실행력이 뒷받침되면 성공적인 결과를 끌어낼 수 있다.

| 13 | 성주연(대전 디자이너)

이 사례는 제가 첫 번째 컨설팅을 진행한 이야기입니다. 2019년, 저는 로고 패키지 디자이너를 찾았습니다. 오프라인 미팅을 통해 로고와 패키지를 작업했는데, 결과가 마음에 무척 들었습니다. 그때 마침 대전의 '카페 갈래'라는 인스타그램과 페이스북을 운영하며 대전 카페 사장님들을 홍보하고 있었습니다. 디자이너도 페이스북을 활용하면 크몽에서 탈출할 수 있을 것 같다는 생각에, 페이스북 대행을 해주겠다고 제안했습니다.

저의 가설에 따라 페이스북에서 패키지와 로고가 필요한 사장님들을 중심으로 하루에 수십 명씩 친구 요청을 보냈고, 한 달쯤 지나자 친구 수가 5천 명이 되었습니다. 그 결과 디자인 의뢰가 폭발적으로 증가하며 제 몸값을 500만 원으로 올릴 수 있었습니다.

2024년에는 몸값이 2천만 원이 되었습니다. 그때 깨달았습니다. "나는 타인의 성공을 잘 돕고, 그 과정에서 희열을 느끼는구나." 이는 저에게 자신감을 주었고, 본격적으로 컨설팅을 시작하는 계기가 되었습니다. 요즘은 컨설팅하면서도 쓰레드 작업을 통해 천만 원 수주를 받은 디자이너도 있습니다.

요약하면,

정확한 타겟을 설정하고 꾸준히 SNS 활동을 하면 몸값이 오른다.

| 14 | 릴스 대행사(이평화)

오늘은 함께 사업하는 파트너인 릴스 대행사 대표에 관해서 이야기해 보겠습니다. 처음에는 책을 잘 읽지 못해서 많은 책을 줬던 기억이 있는데, 그가 줄여달라고 하기도 했습니다. 커뮤니티 사업도 시켜보고, 같은 또래의 돈을 많이 버는 친구들과 어울려 보기도 하며 직원으로서의 역할을 수행했습니다. 그러던 중, 숏츠를 많이 보길래 릴스 해커가 초창기에 저에게 컨설팅을 받다가 강의를 시작했음을 떠올렸고, 그 내용을 긁어주고 배우게 시켰습니다.

그리고 제 계정을 맡겼습니다. 여기서 잭팟이 터졌습니다. 제 계정 5개에 릴스를 올리며 170만 조회 수를 기록했습니다. 그 결과를 레퍼런스로 활용해 직접 영업을 하며 월 250만 원짜리 대행을 맡겼습니다. 현재 그 계정의 팔로우 수는 4만 명이며, 이후 그는 승승장구하여 지금은 월 1천만 원에서 1,500만 원 정도의 수익을 올리는 릴스 대행사가 되었습니다. 기획, 촬영, 편집까지 모두 해주고 있습니다.

요약하면,

① 또래 같은 나이대 만나는 사람을 돈 잘 버는 친구로 바꾼다.

② 본인 특성에 가장 잘 맞는 것을 찾을 때까지 기다린다.

③ 잠재력이 올라온 것을 놓치지 않고 영업과 레퍼런스까지 만들어 준다.

| 15 | 문과 대기업 취업 컨설팅

이번에는 문과 쪽 취업 컨설팅을 풀어보겠습니다. 이분은 완벽한 직장인이었으며, 우연히 제가 가르친 회계사님 독서 모임에 갔다가 이곳을 알게 되어 등록하게 된 케이스입니다. 사실 등록할지 말지 고민하던 분이었습니다.

초반에 여러 분야를 찾다가 가장 난이도가 낮은 대기업 사원으로 진로를 잡고 취업 컨설팅을 받으며 인스타그램 활동을 시작했습니다. 이분은 정말 꾸준하게 콘텐츠를 계속 올리더니, 몇 달 후에는 "이걸로 된다"라는 확신이 생겼습니다.

그 후 아래 릴스 대행을 붙여주고 더 폭발적인 성과를 올리며, 오카방에 1,500명을 채우고 VOD 강의까지 하게 되었습니다. 매달 1천만 원에서 2천만 원 사이의 수익을 6개월째 벌어들이더니 바로 퇴사하게 되었습니다.

요약하면,

① 방향성 완벽하게 잡기
② 꾸준하게 콘텐츠 계속 올리다가 방향 잡고 또 올리기

| 16 | 책 대필＊마케팅 대행(신우리)

　이번에는 4년 만에 제 종이책을 출간하게 해준 책 대필 및 마케팅을 해준 분의 사례를 이야기해 보겠습니다.

　이분은 약 7년간의 자기계발 강의에 지쳐 있었고, 마스터 등록도 힘들게 한 분입니다. 자기 의심이 너무 심해 "내가 과연 될까?"라는 고민이 있었죠. 이전 성과가 돈으로 이어지지 않았습니다. 정리 주제로 책도 쓴 작가였고 맘 카페도 운영하고 있었지만, 그것을 살리지 못했습니다.

　우선 팀 스탠퍼드 챌린지를 통해 다른 분의 전자책을 완성하여 이를 컨설팅 수단으로 활용하게 했고, 작은 성공을 거두었습니다. 그런데도 여전히 자기 의심이 많았습니다. 결국, 제 원고를 기획 출판으로 제안하고, 원고 수정을 하게 하여 제 책을 레퍼런스로 쓰는 것을 제안했습니다. 이때부터 기적이 일어나기 시작했습니다.

　수정이 너무 완벽하게 이루어졌고, 출판사와의 조율도 잘 되었습니다. 초반부터 책 대필 및 마케팅 포지션을 잡으라고 했는데, 자기 의심 때문에 망설이던 것이 실물 책이 나오는 순간 자기계발 탑 100에 들어가면서 자기 확신으로 바뀌었습니다. 그 후 제 책을 레퍼런스로 삼아 본격적으로 마케팅을 기획했습니다.

요약하면,

① 자기 의심이 자기 확신으로 변하는 순간 게임 끝난다.
② 확신을 가진 상태서 바로 사업 속에 안 들어가면 바로 퇴보하게 된다.

|17| 발레학원

이분은 1년 전 저에게 올 때 확신이 없이 방문한 분입니다. 남편이 한번 해보라고 권해서 찾아오셨죠. 과정 중에도 저를 별로 신뢰하지 않는 것이 느껴졌고, 돈을 주고 오면서도 실행을 하지 않았습니다. 그리고 저와 협의가 이뤄지지 않은 프랜차이즈 독서실, 연습실 등의 아이템을 가지고 와서 표면적인 컨설팅을 요청하는 모습이었습니다.

잘 안 오시다가 갑자기 부동산 투자를 두 개 잘못하여 이자를 감당하지 못할 지경에 이르렀고, 지푸라기라도 잡는 심정으로 다시 오게 되었습니다. 사실 컨설팅은 1년 후에나 가능했던 상황이었습니다.

다시 잠재의식부터 컨설팅을 진행했는데, 자신을 드러내고 싶지 않은 잠재의식이 발견되었습니다. 저에게 솔직하게 자신을 내놓지 못했던 개인사까지 드러내며, 가족들에게 내가 맞는 다는 것을 증명하고 싶다는 잠재의식도 발견되었습니다. 여러 잠재의식의 관점을 변화시키자, 갑자기 신념이 세팅되고 사명도 정립되었습니다.

트리플 시스템이 세팅된 후, 이전까지는 소극적인 사업을 하던 이분이 적극적으로 발레학원을 운영하게 되었습니다. 마케팅도 제대로 하지 못하고 인테리어도 미비한 상태에서 체험 수업을 인스타그램에 올렸는데, 무려 50명이 신청했습니다. 그 체험 수업 중 20명 이상이 등록하면서 첫 달 매출을 750만 원을 기록했습니다.

또한, 동생이 하는 오토바이 사업까지 마케팅을 도와주며 엄청난 성장을 이끌었습니다.

요약하면,

① 컨설팅을 받을 거면 완벽히 신뢰하지 않으면 절대 돈 낭비다.
② 잠재의식의 솔직함이 모든 결과를 결정한다.

| 18 | 키토제닉

피티 트레이너와 요식업을 하는 동업자가 두 명 찾아왔습니다. 이분들은 키토제닉이 사람들이 안 하는 것이 이상하다고 생각하며, 온 국민이 키토제닉을 해야 한다고 믿었습니다. 아무것도 없고 그 열정만 가득했습니다.

우선 와디즈 펀딩으로 도시락을 팔겠다고 했고, 클래스유의 파트너 강사를 추천했지만, 관심을 보이지 않았습니다. 다른 플랫폼에서 강의를 런칭하고 비즈니스 기초를 가르쳤습니다. 그러나 잠재의식에서 강박감이 발견되었고, 이를 아버지에 대한 복수심으로 해결하려고 하다가 맑아진 상태에서 '원씽'을 찾던 중 유튜브를 원씽으로 잡았습니다.

그 결과, 유튜브 구독자가 1만, 3만을 넘어 현재는 10만 명이 되었고, 온라인 도시락 매출이 1억 원을 기록했습니다. 오프라인 프랜차이즈 확장까지 무서운 속도로 성장하게 되었습니다.

요약하면,

① 가장 본질인 잠재의식 신념 세팅부터 해야 한다.
② 업의 본질 파악하고 원씽 방향성 도출하면 그 이후는 자동 성과가 나온다.

성공과 실패의 차이는 명확한 실행력, 높은 수용력, 그리고 적절한 멘토의 존재에 의해 결정됩니다. 각 사례를 통해 조인트 십이 어떻게 작용하는지를 이해할 수 있습니다. 비즈니스에서 성공하기 위해서는 경험을 나누고, 즉각적으로 실행하며, 열린 마음으로 새로운 것을 받아들여야 합니다. 살펴본 18개의 조인트십 비즈니스 케이스 스터디를 통해 얻은 통찰을 적용하여 더 나은 성과를 끌어내길 바랍니다.

| 19 | 마케팅뷰(서별님)

영상 편집과 미용실 경험이 있고 달리기 인스타 인플런서인 분이 찾아왔습니다. 남자친구와 함께 찾아왔는데, 250만 원 받는 직장을 그만두지 못해 전전긍긍하고, 그만두고 나서도 용기가 없어 인스타를 가르치는 것을 할 수가 없었습니다. 그래서 저희는 사내 마스터 마인드 강사로 채용해서 강의 연습을 시켰습니다. 그리고 지속적으로 자기 확신을 강화시켰으며, 남자친구와의 관계 부분에서도 많은 코칭을 하여 남자친구와 함께 코칭을 받으면서 결혼도 하며 서로 부부가 되어 가장 좋은 사업 파트너나 동반자가 되었습니다. 최근에는 월 3,500만 원을 벌기도 하고 유튜브 구독자가 3만 명이 다 되어 갑니다.

요약하면,

① 자기 확신이 성공에 절반이다.
② 배우자와의 관계가 성공에 절반이다.

혼자 할 수 없는 일은 함께하면 기적이 된다

31기 마스터 마인드 대표님들의 팀 스탠포드 챌린지를 예로 들어, 협업을 통해 시너지를 극대화하는 과정을 이야기해 보겠습니다.

이 그룹에서 자발적으로 "어떤 방법으로 팀으로 돈을 벌어볼까?" 고민하던 중, 여러 아이디어가 제안되었습니다. 그중 한 명의 제안으로 지식 창업을 도와주는 아이디어가 떠올랐고, 바로 '세일즈 지식 창업'으로 정해졌습니다. 이 과정은 마스터 마인드 팀원 중 1명의 사업을 집중적으로 지원하고, 함께 돈을 벌어보자는 게임이었습니다.

계산해 보면 남의 사업을 도와주는 것만으로는 말도 안 되는 아이디어처럼 느껴졌습니다. 그래서 초반에는 서로의 역할을 맞춰가는 시간이 힘겨웠습니다. 누군가는 역할을 해야 하는데 능력이 부족하다는 이유로 바쁘고, 다른 이유로 팀에서 멀어져 가는 상황이 발생했습니다.

사실 팀 스탠포드 챌린지는 저도 참여하고 있었습니다. 그래서 제가 회의에 투입되어 여러 가지 역할을 듣고 있었는데, 기획적으로 서로의 이익 구조를 세팅하지 않고 있었습니다. 이를 보고 저는 즉시 역할 분담과 이익 구조를 설정하기로 하였습니다.

역할 분담은 다음과 같았습니다:

① 페이스북 광고, 유튜브: 유명 마케팅 회사 출신 대표님
② 5천 개 디비 투척, 강의 멘토링, 세일즈 서포트(진단): 김서한
③ 멘탈 케어, 전반적 서포트, 오픈방 관리, 카페 세팅: 행동 코치 대표님
④ ppt 제작, 카페 배너: ○○○ 대표님
⑤ 랜딩 페이지 제작: 개발자 ○○○ 대표님
⑥ 상세 페이지 제작: 상세페이지 지식 창업자 대표님
⑦ 전자책 제작: 책출판 지식 창업자 대표님

이 역할만 보면 이상하지 않나요? 도대체 어떻게 이익을 분배할까요? 저는 아이디어를 내서 TM 시스템을 추가하기로 했습

니다. 전체 마스터 마인드 대표님들을 TM 교육을 시키고, 진단이 잡히고 결제가 일어나면 TM을 한 사람이 30%의 수당을 받는 파격적인 혜택을 걸었습니다.

그걸 듣는 순간 팀원들 모두의 눈동자가 초롱초롱해지기 시작했습니다. 동기부여가 된 것이죠. 하지만 12주 과정이 끝나고 추가 1달을 더 하면서 인간의 한계에 도달하게 됩니다. 이때 역할 분담을 한 대표님 중 1~2명이 이탈하게 됩니다. 이탈하자마자 책임감이 강한 대표님 1~2명의 역할이 가중되면서, 각자의 장기적인 이득은 극대화됩니다.

사업을 할 때 대표 간의 협업은 정말 어렵습니다. 그러나 이 팀 스탠포드 챌린지를 통해 사람들은 어떤 부분에서 이탈하고 동기부여가 떨어지는지를 배우게 됩니다. 또 그 동기부여는 기획적으로 어떻게 해야 하는지, 적합한 팀원을 뽑는 것이 얼마나 중요한지를 깨닫게 됩니다.

심지어 교육 과정에 포함되지 않은 양질의 TM 수업을 통해 이론적으로만 비웠던 퍼널을 함께 구축하면서, 퍼널을 몸으로 익힐 수밖에 없는 구조가 만들어졌습니다. 매번 강의만 듣고 실천하지 않았던 랜딩 페이지, 전자책, 페이스북 광고, 유튜브까지 함께 학습하는 기회를 얻었습니다.

챌린지가 시작되는 순간, 각각의 재능들을 매주 쏟아내야 했습니다. 이타적인 행동의 끝을 보여줘야 하며, 팀원을 가르치고 서로 학습하고 행동까지 연결되는 시스템이 가동되는 것입니다. 12주 과정이 끝나고 세일즈 무료 강의가 열린 날, 해당 대표님은 멘탈이 나가서 제가 무료 강의 전에 심상화를 해주었습니다. 팀원이 앞에서 사회를 보았고, 마스터 마인드 팀원들이 1명을 제외하고 모두 출근하여 서포트를 하는 모습을 목격했습니다.

성공적인 퍼널과 무료 강의를 마쳤지만, 제 예상과는 달리 요즘 지식 업 시장이 좋지 않았습니다. 단 1명만 진단 컨설팅을 신청하는 상황이었습니다. 그래서 모아진 강의 신청 DB 300개에 전원이 다 붙어서 TM을 하루에 3시간 동안 돌려버렸습니다.

TM 돌리기 전, 세일즈 신의 TM 강의까지 진행한 후, 진단 신청자를 8명으로 만들어버렸습니다. 하지만 아직 끝난 것이 아닙니다. 끝날 때까지 끝난 게 아닙니다. 팀원 한 명이 가장 책임감이 뛰어난 분이 쓰레드 아이디어를 내고, 쓰레드에 글을 올리자마자 추가 진단 신청자가 7명이 발생했습니다.

이번 챌린지에서는 오픈방에 200명이 모여들며 기적이 일어났습니다. 순식간에 15명의 진단 신청자가 몰리는 상황이 펼쳐졌습니다. 이 팀은 각자의 역할을 충실히 수행하며, 서로를 지원하고 협력하는 과정에서 진정한 기적을 만들어가고 있습니

내가 아는 대표님이 한 분 있어

세일즈 기술 하나로 3년 만에 직원 50명, ○
10억 만드신 30대 여성 CEO 분이야

이 분이 워낙 기버 성향이 강하고 타인을 성○
하게 하는데 의미를 느끼셔서 내가 강의나 ○
설팅을 좀 하시라고 제안했어

그래서 내가 사람 데려오면 10만원에 1:1 컨○
팅 한 시간 해주겠다고 하셔서 "OK! 제가 ○
데려올게요!" 호언장담 했는데

혹시 1;1 컨설팅 받아볼 사람 있어?
세일즈 뿐만 아니라 사업적 인사이트, 조직○
리, 심지어 사업 아이템까지 컨설팅이 가능○
분이야

10만원 정말 말도 안되는 가격인데..
기회 한 번 잡아볼 사람?

♥ 76   ○ 59   ♺ 2   ▽ 3

다. 차주에 마무리되는 이 챌린지에서는 이미 고가의 결제자가 2~3명이 나온 것으로 확인되었습니다.

이 과정에서 장기적으로 생각해보면, 1인의 세일즈 전문가는 수개월에 걸쳐도 완성할 수 없는 지식 업 시스템을 순식간에 완성하였습니다. 각 팀원은 자신의 능력을 발휘하여 레퍼런스를 쌓고 가치를 올렸습니다. 더욱이, 어디서도 돈을 주고 듣기 힘든 TM 교육과 경험을 무료로 얻었으며, 자신의 영업 수당까지 확보하게 되었습니다. 이는 단기적 수익과 장기적 수익을 동시에

챙길 수 있는 완벽한 팀 스탠포드 챌린지가 이루어진 것입니다.

차후 기수부터는 이 챌린지에 매뉴얼을 추가하여 초반에 서로의 사명을 융합하는 작업을 진행할 예정입니다. 각 팀원은 자신의 사명을 전략화하고, 서로 동의하는 원칙 5~10개를 만들 것입니다. 매주 미팅 시에는 원칙에 동의하지 않는 팀원을 조장이 컨트롤하여, 팀의 방향성을 유지하고 협업의 효과를 극대화할 수 있도록 할 것입니다.

마스터 마인드 대표님들은 이 코칭 매뉴얼을 팀 스탠포드 챌린지에서도 그대로 적용하시면 됩니다. 이 경험은 여러분들이 대표로서 직원을 다룰 때, 협업을 할 때, 동업을 할 때 가장 중요한 경험이 될 것이며, 수억 원을 아낄 수 있는 값진 경험이 될 것입니다.

팀 스탠포드 챌린지는 단순한 비즈니스 훈련을 넘어, 사람 간의 관계와 신뢰를 쌓는 과정입니다. 각자의 역량을 최대한으로 발휘하면서도 서로를 지원하는 시스템은, 궁극적으로 팀 전체의 성장을 이끌어냅니다.

조인트십은 철학이며 미래를 만드는 방식이다

협업의 세계는 경험과 실패를 통해서만 알 수 있는 부분이 많습니다. 저는 여러분이 불필요한 고통을 피할 수 있도록 돕고자 이 책을 집필했습니다. 협업에서 가장 중요한 메시지는 결국 행동을 취하는 것입니다. 행동을 취하는 것은 인생에서 가장 무섭고 어려운 부분입니다. 그러나 그 위험을 최소화하고 다양한 협업을 경험한 사람만이 가질 수 있는 통찰이 있습니다.

조인트십은 단순한 동업을 넘어, 서로의 비전을 공유하고 신뢰를 바탕으로 한 지속 가능한 관계를 의미합니다. 현대 사회에서 비즈니스의 성공은 개인의 역량뿐만 아니라, 협업을 통해 만들어지는 시너지 효과에 달려 있습니다. 조인트십을 통해 여러분은 더 많은 자원과 아이디어를 활용할 수 있으며, 이는 경쟁력을 높이는 데 큰 도움이 될 것입니다. 이제는 단순히 이익을 추구하는 것이 아니라, 협력과 신뢰를 통해 더 큰 가치를 창출해야 하는 시대입니다. 조인트십은 그 길을 열어줄 것입니다.

그렇다면, 여러분이 이 책을 읽고 나서 어떤 행동을 취할 수 있을까요? 여기서 개인적으로 실천할 3가지 핵심 행동을 제안합니다.

① 신뢰 쌓기

협업의 첫걸음은 신뢰입니다. 파트너와의 관계에서 신뢰를 쌓는 데 집중하세요. 투명한 소통과 약속 이행을 통해 신뢰를 강화할 수 있습니다. 신뢰가 없으면 협업은 지속될 수 없습니다. 서로의 신뢰를 바탕으로 관계를 발전시켜 나가세요.

② 자신만의 존재 이유와 사명 찾기

모든 사람이 점점 더 비슷해지고 있는 이 엄청나게 시냅스처럼 서로 연결된 세상에서 가장 어려운 일은 독특한 사람이 되고 자신의 존재 이유와 사명을 찾는 것입니다. 자신의 욕망에 귀를 기울이세요. 나의 내면의 목소리인 직감은 절대 틀리지 않습니다. 하지만 그것을 개발하려면 창의성을 통해 표현해야 하죠.

또 하나는 여러분들이 아이디어를 실행하고 협업하고 직원을 뽑고 아이디어가 실현되기 직전에 욕을 먹고 비웃음을 당할 것입니다. 이 책도 누군가는 비웃을 겁니다. 우리의 고유한 성격으로 인해 발생하는 문제입니다. 보편적으로 사업은 주변 사람들과 사회 전체와 일치하지 않습니다. 따라서 조롱을 받으실 겁니다.

아이디어가 조롱받지 않는다면 아마도 너무 뻔한 것일 것입니다. 여러분들이 일론 머스크나 스티브 잡스가 돼야만 하는 것을 의미하지 않습니다. 다른 사람이나 회사와 같아지려고 하지 말고 자신의 고유한 사명에서 나오는지 반드시 확인하고 사업을 시작하고 조인트십을 시작하십시오.

③ 직감을 따르세요.

이 책에서 말하는 대로만 한다고 해서 성공을 할 수는 없습니다. 저는 저의 아이디어를 종이에 적었지만 출시되는 순간 구식입니다. 여러분들만의 아이디어를 얻고 협업과 사업을 진행하고 여러분들만의 창작 스타일을 가꾸는 것이 중요합니다. 아마도 저와는 완전히 달라야 할 것입니다. 그러니 제가 하는 일이나 다른 사람들이 하는 일을 따라 하면 안 됩니다. 그때는 이미 너무 늦었고, 효과가 없을 것입니다. 결론적으로 다른 사람에게서는 영감을 받지만, 여러분만의 것이어야 합니다.

자신의 고유한 사명에 따라 사업을 시작하고 조인트십을 구축하는 것이 중요합니다. 조인트십의 철학을 바탕으로 한 행동이 여러분의 비즈니스와 삶에 긍정적인 변화를 가져올 것입니다. 여러분의 협업과 사업에서 성공적인 미래를 기원합니다.

조인트십

부록

마스터마인드
12주 플랜

|12주 플랜 설명|

1. 12주 플랜 존재 이유

마스터 마인드 교육 과정의 유일한 목표는 실전에서 승리하는 사업가를 양성하는 것입니다. 실전에서 승리하는 사업가가 되기 위해서 가장 필요한 핵심 능력은 '문제 해결 능력'입니다. 그 밖에 모든 것들은 이 문제 해결을 위한 도구 기술일 뿐입니다. 각 과제들의 목표는 사업가로서 여러분들의 문제 해결 능력을 기르기 위함입니다.

2. 작성 요령

① 가장 강조하고 싶은 점은 각 플랜을 빠르게 해치워야 할 '과제'로 바라보지 마세요.

② 마스터마인드 12주라는 시간을 최대한 많은 생각과 고민을 하는 데 사용하세요.

③ 한번 명확한 방향성을 잡고 1달을 나아가는 것이 불명확한 채로 1년을 사는 것보다 빠릅니다.

④ 더 깊게, 더 깊게, 더 깊게 고민하세요.

⑤ WHY를 5번 이상 던지지 않았다면, 충분히 고민하지 않은 겁니다.

3. 작성 도구

마스터 마인드 과제 수행 시 2가지 도구 활용 도구가 있습니다.

① Google Docs: 문서 작성 소프트웨어입니다. 기본적인 사용법은 대부분의 문서 작성 프로그램과 동일합니다.

② Xmind: 마인드맵 프로그램입니다.

4. 작성 방식

① 마인드맵(Xmind)을 통해서 형식없이 자유롭게 최대한 다양한 아이디어를 도출하세요.

② Google Docs를 활용해서 아이디어를 체계적이고 정리된 형태로 작성하세요.

5. 제출 방식

① 세션까지 마인드맵을 에이그라운드 마스터마인드 카페에 제출합니다.

② 세션까지 각 주 차에 맞는 과제를 Google Docs에 모두 작성하는 것을 원칙으로 합니다.

③ 세션에서 과제를 발표합니다.

1.1 부하율 줄이기

- 인간관계
  ○ 현재 상황이 어떠한가요?
  ○ 문제가 무엇인가요?
  ○ 문제에 대한 원인이 무엇인가요?
  ○ 해결책 나열
  ○ 행동 플랜 제작

- 일
  ○ 현재 상황이 어떠한가요?
  ○ 문제가 무엇인가요?
  ○ 문제에 대한 원인이 무엇인가요?
  ○ 해결책 나열
  ○ 행동 플랜 제작

- 건강
  - ○ 현재 상황이 어떠한가요?
  - ○ 문제가 무엇인가요?
  - ○ 문제에 대한 원인이 무엇인가요?
  - ○ 해결책 나열
  - ○ 행동 플랜 제작

- 재정
  - ○ 현재 상황이 어떠한가요?
  - ○ 문제가 무엇인가요?
  - ○ 문제에 대한 원인이 무엇인가요?
  - ○ 해결책 나열
  - ○ 행동 플랜 제작

1.2 개인 원칙 정하기

절대 협상하지 않을 개인 원칙이 무엇인가요?

1.
2.
3.
4.
5.
6.
7.
8.
9.

1.3   루틴 정의하기

앞으로 사업을 위한 이상적인 하루 정의하기(자신의 상황 고려)

5:30	
5:30 ~ 6:00	
6:00 ~ 8:00	
8:00 ~ 9:00	
9:00 ~ 12:00	
12:00 ~ 13:00	
13:00 ~ 15:00	
15:00 ~ 16:00	
16:00 ~ 17:00	
17:00 ~ 20:00	
20:00 ~ 21:00	
21:00	

1.4 주간 루틴 만들기

이상적인 일주일 정의하기 (자신의 상황 고려)

1.5 건강 관리 계획

① 운동

1) 현재 운동
현재 어떤 운동을 하고 있나요? (없다면, 그 이유는 무엇인가요?)

------

2) 목표 설정
앞으로 1달간 실현 가능한 운동 목표는 무엇인가요? (예: 주 3회, 하루 30분 걷기)

------

3) 실행 계획

운동을 꾸준히 하기 위해 어떤 구체적인 계획을 세울 수 있나요? (예: 시간, 장소, 함께할 사람 등)

---

② 다이어트

1) 현재 식습관

현재 하루 식단을 기록해 보세요. (아침, 점심, 저녁, 간식 포함)

---

2) 개선 목표

식단에서 개선하고 싶은 부분은 무엇인가요? (예: 설탕 섭취 줄이기, 채소 섭취 늘리기)

3) 실행 계획

어떤 식재료나 방법을 활용해 개선할 계획인가요? (예: 주말에

미리 준비해두기, 특정 음료 대체하기)

③ 수면

1) 현재 수면 상태

하루 평균 몇 시간 수면을 취하나요? 수면의 질에 대해 어떻

게 느끼나요?

2) 개선 목표

건강한 수면을 위해 이루고 싶은 목표는 무엇인가요? (예: 매일 같은 시간에 자고 일어나기)

....

....

....

....

3) 실행 계획

수면 환경이나 습관을 개선하기 위해 어떤 조치를 취할 수 있나요? (예: 전자기기 사용 줄이기, 수면 루틴 만들기)

....

....

....

....

④ 스트레스 관리

1) 스트레스 요인

현재 가장 큰 스트레스 요인은 무엇인가요? (일, 인간관계, 건강

등)

....

....

....

....

2) 관리 방법

스트레스를 해소하기 위해 현재 하고 있는 활동은 무엇인
가요?

....

....

....

....

3) 실행 계획

앞으로 스트레스 관리를 위해 새롭게 시도해보고 싶은 방법
은 무엇인가요? (예: 명상, 취미 활동, 산책)

....

....

....

....

2.1 무의식 심층 지도

인생에서 일어난 사건과 그에 따라 형성된 무의식 패턴 정리하기

- 유년기(0~6세)
  - ○ 예시) 사건: 시골집에서 어머니가 밥을 차려줌. 그때 오이를 먹다가 냄새가 너무 역한 나머지 토함. 그때 어머니가 나를 혼냄.
    - 형성 패턴: 그 이후로 어른이 음식을 주면 무조건 맛있게 먹어야 한다는 강박이 있음.

- 청소년기(7~19세)
  - ○ 초등학생
    - 예시) 사건: PC방에서 늦게까지 게임하다가 집에 늦게 들어가서는 친구집에서 놀았다고 아버지에게 거짓말을 함. 그러나 거짓말을 들킴. 그날 야구방망이로 아버지에

게 맞음.

- 형성 패턴: 나에게는 여전히 아버지가 무서운 존재로 남
  아 있음.

○ 중학생

○ 고등학생

- 성인(20대)
  ○

- 성인(30대)
  ○

3주 차 플랜 새로운 신념 체계

3.1 반복적 실패 패턴 인식하기

나만의 반복적 실패 패턴과 그 패턴 형성에 대한 이유 찾아보기

예시)

- 실패 패턴 1: 일, 특히 운동이나 스포츠에서 너무 눈에 띄려는 것보다는 늘 진짜 실력보다 일부러 못하는 척을 함.

  왜 그럴까?: 초등학생 때 딱지치기 내기로 반 친구들을 전부 이김. 그래서 딱지를 엄청 많이 모았음. 근데 일진 친구들이 단합해서 내 딱지를 전부 뺏어감. 엄청 억울했던 기억으로 남음. 그리고 친구들에게 또 미움을 받을까봐 일부러 못하는 척을 함.

- 실패 패턴 2:

  왜 그럴까?:

- 실패 패턴 3:

  왜 그럴까?:

- 실패 패턴 4:

  왜 그럴까?:

3.2 사건 재해석

위 사건들을 재해석해서 나에게 쓰는 편지를 작성해 봅시다.

예시)

- 사건 1:

  재해석 편지:

- 사건 2:

  재해석 편지:

- 사건 3:

  재해석 편지:

3.3 부정적 감정에 이름 붙이기

- 감정: 두려움

  새로운 정의

- 감정: 수치심

  새로운 정의

- 감정: 분노

  새로운 정의

- 감정: 인정 욕구

  새로운 정의

3.4 페르소나 정의하기

1. 가장 닮고 싶은 롤모델 3명 (유튜브, 영화)

2. 공통점 분석

    a. 내면의 특성

    b. 외면의 특성

3. 행동 시각화

    a. 시각화 시나리오

    b. 시각화 계획하기

3.5 비전 보드 제작하기

부(Wealth)	건강(Health)
원하는 사진 채워넣기	복싱 아마추어 선수

인간관계(Relationship)	행복(Happiness)
사랑스러운 와이프	평화

4주 차 플랜 **목적 의식**

4.1 자기 자신 이해하기

MBTI 타입은 무엇인가요?

강점

강점은 무엇인가요?

약점

약점은 무엇인가요?

4.2 사업가 유형 정의하기

사업가 유형 구분

기업가형이 끌리는 키워드
1. 세상을 바꾸는 기업
2. 매출 수익 ○○○억
3. 스타트업
4. 열정 / All-IN

자유추구형이 끌리는 키워드
1. 디지털 노마드
2. 1인 기업
3. 자유로움

안정형이 끌리는 키워드
1. 안정적인
2. 투자
3. 가족
4. 지속적 현금

문장 채우기

나의 사업가 유형은 ＿＿＿이다.

4.3 천명 (탄식과 신념)

질문 답하기

1. 당신이 무엇을 힘들게 하나요?

2. 어떤 부분에서 힘들게 느껴지나요?

3. 정말 하기 싫은데 나도 모르게 지속하고 있는 일들이 있나요?

4. 그 상황에서 당신이 바라는 이상적인 결과는 무엇인가요?

5. 당신이 그 일을 하게 된 동기는 무엇인가요?

6. 그 일에서 가장 만족스러운 순간은 언제였나요?

7. 과거의 삶 중에 일관된 것이 무엇이었나요?

탄식 도출하기

1.

2.

3.

신념의 정의

자신만의 흔들리지 않는 단 한 가지의 믿음

질문 답하기

1. 어떤 사람들과 함께 하고 싶은가?

2. 어떤 사람들이 세상을 변화시킨다고 믿는가?

신념 리스트

1. _____한 세상을 꿈꾼다.

2. _____을 믿는다.

3. _____을 믿는다.

4. _____

5. _____

6. _____

신념 도출

_____한 사람들이 세상을 변화시킨다고 믿는다.

4.4 사명 선언문

사명 선언문 정의: 나는 신념을 위해 세상에서 어떤 존재 방식을 취할 것인가?

동사 3개
예시) 창조한다 / 개선한다 / 도전한다

집단 3개
예시) 교육 / 비즈니스 / 코칭

사명 선언문 작성
예시) 나는 창의적이고 용감한 사람들이 자신이 하는 일에 탁월해질 수 있는 환경을 창조하고, 발전시키고, 사랑하는 존재이다.

4.5 사명

사명 정의: 어떤 문제를 해결해서 어떤 세상을 만들 것인가?

문제 정의
예시) 온라인 비즈니스는 복잡하다.

해결책 정의
예시) 온라인 비즈니스의 복잡성을 제거하는 소프트웨어를 제공한다.

사명 도출
예시) 온라인 비즈니스 복잡성을 제거하여, 누구든지 자신의 열정으로 돈을 벌 수 있는 세상을 만든다.

5.1 비즈니스 원칙

신념

사명

원칙

1. 문제 해결
   이유:

2. 고객 집착
   이유:

3. 원띵 집중

　　이유:

4. 솔직한 소통 & 개방성

　　이유:

5. 현금 흐름 우선

　　이유:

6. 장기적 사고

　　이유:

5.2 돈 무의식

돈 무의식 정의
돈에 대한 어떤 관점을 취할 것인가?

질문 답하기
1. 1년 안에 나는 ____원의 돈을 모으게 될것이다.

    a.

2. 지금부터 있는 힘을 다한다면 앞으로 1년 안에 최고 얼마를 벌 수 있겠는가?

    a.

3. 이 금액은 어떻게 산출한 금액인가?

    a.

4. 돈 걱정 없는 안식년을 갖게 되면 무엇을 하겠는가? (오직 자신만을 위한 1년이다.)

    a.

5. 돈에 대한 부정적 믿음

    a.

6. 돈에 대한 긍정적 믿음

    a.

과거 돈 무의식 → 바꾼 돈 무의식

1. 어머니는 돈에 대해 (베푸는것 → 사랑)이라고 생각하고 있다.

2. 어렸을때 나는 돈에 대해 (있으면 뺏기는 것 → 에너지이고 나의 에너지가 좋을수록 돈이 쌓인다)라고 생각하고 있었다.

3. 우리 가족에게 돈은 (싸움의 → 사랑과 행복) 원인이었다.

4. 많은 돈을 쓰는 것은 (두려움 → 기쁨)이다.

5. 돈은 사람을 (싸우게 → 기쁘고 행복하게) 만든다.

6. 더 많은 돈을 얻기 위해 나는 (많은 일을 → 존재급을 올릴) 할 필요가 있다.

7. 부자가 되면 (행복)을 잃는다. → 행복을 얻는다.

8. 일에 성공하면 (친구)를 잃는다. → 친구를 얻는다.

9. 돈 관리는 (어려움)이다. → 재미있는 게임이다.

돈 무의식 도출하기

예시) 나에게 돈이란 태양이다.

6주 차 플랜 사명의 전략화

6.1   트리플 시스템 정의

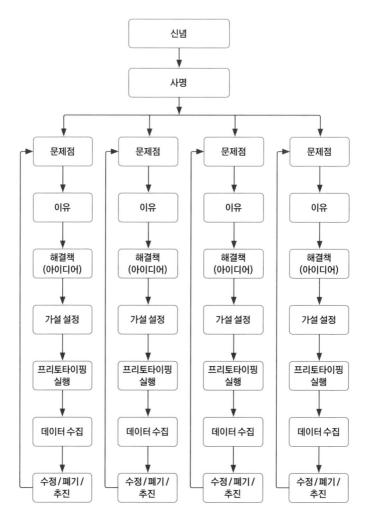

신념

사명

아이디어

문제점 1	문제점 2	문제점 3	문제점 4
문제 이유	문제 이유	문제 이유	문제 이유
해결책	해결책	해결책	해결책
가설 설정	가설 설정	가설 설정	가설 설정
프리토타입	프리토타입	프리토타입	프리토타입
수집할 데이터	수집할 데이터	수집할 데이터	수집할 데이터
수정 / 폐기 / 개선	수정 / 폐기 / 개선	수정 / 폐기 / 개선	수정 / 폐기 / 개선

6.2 장기적 비전

해결하고자 하는 문제

이유

달성하기 어려운 거대한 목표 (향후 3~5년 목표)

연간 목표

2025년	
2026년	
2027년	
2028년	
2029년	

문제 해결에 대한 결과물 (회사 사명)

6.3 목표 세그먼테이션

달성하기 어려운 거대한 목표 (향후 3~5년 목표)

연간 목표

2025년	

분기 목표

Q1	
Q2	
Q3	
Q4	

Q1에 대한 월간 목표

M1	
M2	
M3	

6.4 주간 아웃풋 설정

월간 목표

주간 목표

W1	
W2	
W3	
W4	

6.5 우선순위

프로젝트

프로젝트 #1	프로젝트 #2	프로젝트 #3
이 프로젝트를 완수하기 위해서 반드시 해야 하는 5가지	이 프로젝트를 완수하기 위해서 반드시 해야 하는 5가지	이 프로젝트를 완수하기 위해서 반드시 해야 하는 5가지
1. - 2. - 3. - 4. - 5. -	1. - 2. - 3. - 4. - 5. -	1. - 2. - 3. - 4. - 5. -

사람

내가 답변을 기다리고 있는 사람 이 프로젝트를 달성을 위해서 내가 답변을 받아야 하는 사람	내가 접근해야 하는 사람 이 프로젝트를 달성을 위해서 내가 연락을 취해야 하는 사람

우선순위

우선순위
무슨 일이 있어도 반드시 해야 하는 일들의 우선순위

7.1 비즈니스 모델 캔버스

핵심 파트너	핵심활동	가치제안	고객관계	고객세그먼트
- 누가 당신을 돕는가? - 파트너가 실행하는 주요 활동	- 무슨 일을 하는가? - 가치 제안을 위한 핵심 활동	- 고객을 어떻게 돕는가 - 고객에게 전달할 가치	- 어떻게 고객과 상호작용하는가? - 고객 관계 유형 - 형성, 유지 방법	- 우리가 창출하는 가치는 누구를 위한 것인가? - 우리에게 가장 중요한 고객은 누구인가?
	핵심자원 - 당신이 누구이며, 무엇을 가졌는가? - 가치 제안을 위한 핵심 제안		**채널** - 자신의 가치를 어떻게 전달할 것인가? - 고객별 사용할 채널	

비용구조	수익원
- 무엇을 지불하는가? - 우리의 BM에서 발생하는 비용 (고정비용, 변동비용)	- 무엇을 얻는가? - 고객이 기꺼이 지불할 가치 - 현재 고객이 지불하고 있던 것

7.2 시스템 사고

참고 자료:

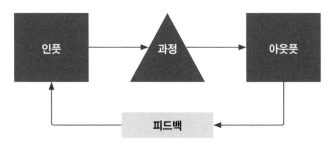

시스템 사고 핵심

하나의 부분이 전체에 어떤 영향을 미칠 것인가?

시스템 구성 요소 파악

1. 비즈니스 모델이 무엇인가?

예시) 비즈니스 교육 프로그램

2. 해당 비즈니스에서 만들고 싶은 단 1개의 이상적인 결과물(아웃풋)은 무엇인가?

수강생 80% 이상을 만족시킨다.

3. 해당 이상적인 결과물을 만들기 위해서 필요한 재료(인풋)는 무엇인가?

1) 수강생
2) 강사
3) 교육 프로그램

4. 위 전체에 영향을 미칠 만한 환경적 요소(제한적이며 통제할 수 없는)는 무엇인가?

1) 강사들의 시간과 에너지
2) 오프라인 장소

5. 해당 재료(인풋)이 어떤 과정을 통해서 이상적인 결과물(아웃풋)이 나올 것인가?

1) 수강생 교육 참여한다.
2) 교육을 제공한다. (4주)
3) 주별 그룹 토론 및 Q&A 세션을 진행한다.
4) 활발한 상호작용을 위해서 커뮤니티를 운영한다.

6. 이상적인 결과물에 대한 제2의 결과(피드백)는 무엇인가?

1) 수강생이 주변 지인에게 추천을 한다.
2) 좋은 리뷰가 쌓인다.

7. 해당 피드백은 인풋과 과정에 각각 어떤 영향을 미치는가?

인과관계 도출 (연습 1)

1. 변화 요인이 무엇인가?

2. 가정은 무엇인가?

3. 해당 변화가 이상적인 결과물에 대한 어떤 영향을 미치는가?

4. 이상적인 결과물에 대한 제 2의 결과(피드백)은 무엇인가?

5. 해당 피드백은 인풋과 과정에 각각 어떤 영향을 미치는가?

인과관계 도출 (연습 2)

1. 변화 요인이 무엇인가?

2. 가정은 무엇인가?

3. 해당 변화가 이상적인 결과물에 대한 어떤 영향을 미치는가?

4. 이상적인 결과물에 대한 제 2의 결과(피드백)은 무엇인가?

5. 해당 피드백은 인풋과 과정에 각각 어떤 영향을 미치는가?

7.3 시스템 설계자와 노동자 구분

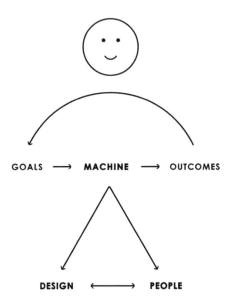

시스템 설계자와 노동자 구분

〔시스템 설계자로서 만들 결과물〕과 〔노동자로서의 만들 결과물〕을
어떻게 구분할 것인가?

1. 시스템의 결과물을 무엇인가요? (회사 사명)

2. 결과물을 달성하기 위한 목표는 무엇인가요?

3. 목표 달성을 위해서 노동자로서 자신의 역할이 무엇인가요?

7.4 플라이휠

플라이휠

> 비즈니스 한 사이클당, 제공하고자 하는 〔핵심 가치〕는
> 더욱더 증가해야 한다.

플라이휠 제작하기

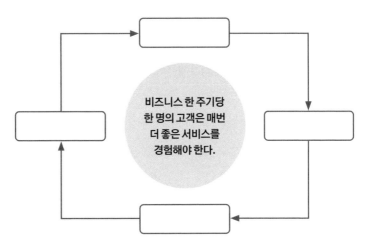

비즈니스 한 주기당
한 명의 고객은 매번
더 좋은 서비스를
경험해야 한다.

7.5 논리적 사고

과제가 무엇인가?

상대방으로부터 어떤 반응을 이끌어내고 싶은가?

결론은 무엇인가?

결론에 대한 이유가 무엇이 있는가? (MECE 방식)
(각 이유들이 결론와 연결이 돼야 한다.)

이유 1에 대한 이유는 무엇인가? (MECE 방식)
(각 이유들이 이유 1과 연결이 돼야 한다.)

이유 2에 대한 이유는 무엇인가? (MECE 방식)
(각 이유들이 이유 2와 연결이 돼야 한다.)

이유 3에 대한 이유는 무엇인가? (MECE 방식)
(각 이유들이 이유 3과 연결이 돼야 한다.)

8.1   꿈의 고객

꿈의 고객 A	꿈의 고객 B	꿈의 고객 C
•성별	•성별	•성별
•이름	•이름	•이름
•나이	•나이	•나이
•어디에	•어디에	•어디에
•어떤 문제	•어떤 문제	•어떤 문제
•두려움	•두려움	•두려움
•결과	•결과	•결과
•기대	•기대	•기대
•욕망	•욕망	•욕망

꿈의 고객 정의

나의 비즈니스에서 가장 이상적인 고객은 누구인가?
(가상의 캐릭터 만들기)

꿈의 고객 A

성별 / 이름 / 나이
어디에 있을까요?
어떤 문제를 가지고 있나요?
어떤 두려움을 가지고 있나요?
어떤 결과를 기대하나요?
어떤 기대를 하고 있나요?
어떤 욕망을 가지고 있나요?

꿈의 고객 B

성별 / 이름 / 나이
어디에 있을까요?
어떤 문제를 가지고 있나요?
어떤 두려움을 가지고 있나요?
어떤 결과를 기대하나요?
어떤 기대를 하고 있나요?
어떤 욕망을 가지고 있나요?

꿈의 고객 C

성별 / 이름 / 나이
어디에 있을까요?
어떤 문제를 가지고 있나요?
어떤 두려움을 가지고 있나요?
어떤 결과를 기대하나요?
어떤 기대를 하고 있나요?
어떤 욕망을 가지고 있나요?

8.2 제품 정의서

꿈의 결과 정의

나의 제품은
1) 어떤 사람들에게
2) 어떤 고통을 피하고
3) 어떤 결과를 얻도록 하는가?

질문 답하기

- 내 상품 또는 서비스가 사람들이 돈을 버는 데 도움을 주는 다섯 가지 방법은 무엇인가?

- 나 또는 내 상품 또는 서비스가 다음 주, 다음 달, 내년에 사람들이 돈을 아끼는 데 어떤 도움을 주는가?

- 사람들의 시간을 얼마나 절약시켜 주고 또 그 시간 동안 사람들은 대신 무엇을 할 수 있는가?

- 내 상품 또는 서비스가 있으면 사람들이 더는 하지 않아도 될 일은 무엇인가? (수고를 어떻게 덜어주는가?)

- 내가 어떠한 신체적 고통을 없애 주고, 이것들이 사람들과 삶의 비즈니스에 어떤 의미인가?

- 내 상품 또는 서비스가 사람들의 정신적 고통이나 걱정을 어떻게 없애 주는가?

- 나 또는 내 상품이 사람들을 더욱 편하게 만들어 줄 세 가지 방법은 무엇인가?
- 내 상품 또는 서비스가 더욱 청결하고 위생적인 삶을 좀 더 쉽게 이루는 데 어떤 도움을 주는가?
- 내 상품 또는 서비스가 친구들의 부러움을 사거나 가족들에게 더욱 사랑받는 데 어떤 도움을 주는가?
- 내 상품을 구매하면 어떤 이유로 사람들이 더욱 인기를 얻거나 사회적 지위가 높아졌다는 기분을 느끼는가?

제품 정의서 도출

○○ 제품은 _____한 사람들에게 _____한 고통을 피하고 _____한 결과를 얻도록 돕는다.

8.3 해결책 사다리

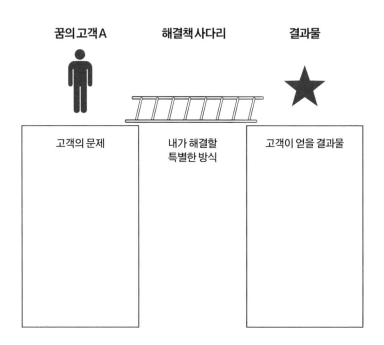

꿈의 고객A   해결책 사다리   결과물

고객의 문제   내가 해결할 특별한 방식   고객이 얻을 결과물

해결책 사다리 정의

꿈의 고객이 얻을 결과물에 대해서 제공할
[특별한 해결책]은 무엇인가?

고객의 문제는 무엇인가요?

고객이 얻을 결과물은 무엇인가요?

고객이 해당 문제를 해결하고 결과물을 얻기 위해서 제시할 해결책
은 무엇인가요?

8.4 가치 사다리

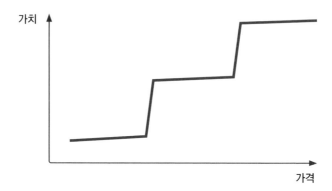

가치 사다리 정의

〔고객 인식수준〕에 따라서 가치를 어떤 식으로 나눠서 전달할 것인가?

꿈의 고객에게 가치를 줄 수 있는 것은 무엇인가요(해결책 사다리)?

꿈의 고객을 인식 수준에 따라, 어떤 식으로 구분할 수 있을까요?

- 아직 나를 신뢰 하지 못함 - 자신의 문제가 무엇인지 모름	- 나를 어느 정도 신뢰함 - 문제가 무엇인지 알지만, 해결책 은 모름	- 나를 강하게 신 뢰함 - 해결책을 알지 만, 혼자서 하기 두려움

각 구분에 맞게 필요한 상품들은 무엇일까요?

8.5 가치 전달 프로세스

가치 전달 프로세스 정의

제품에 대한 결과물을 전달하기까지의 과정

전달하고 싶은 결과물

수강생들이 6개월 안에 행복하고 지속가능하게
월 1,000만 원을 번다.

결과물을 달성하기 위해서까지의 과정

시작 지점: 마스터 마인드 교육 과정 시작

1) 부하율 제거
2) 잠재의식 설정
3) 신념, 사명, 원칙, 돈 무의식
4) 사명 전략화
5) 실전 투입
6) 지속적인 피드백
7) 커뮤니티 지원
8) 엑셀러레이팅 프로그램

최종 지점: 수강생들이 6개월 안에 행복하고 지속 가능하게
월 1,000만 원을 번다.

9.1 매력적인 캐릭터

매력적인 캐릭터 정의

브랜드에서 대중에게 어떤 캐릭터로 인식될 것인가?

캐릭터의 사명 이야기 (현재 해결하려고 하는 문제가 왜 중요한지에 대한 이야기)
캐릭터의 성격의 결함
캐릭터 정체성 (지도자 / 모험가 / 기자 / 영웅이라고 불리기 꺼리는 영웅)

캐릭터 도출

9.2 스토리텔링

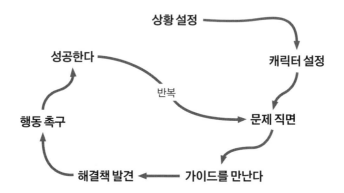

스토리텔링

문제를 가진 꿈의 고객이 용기를 가지고 자신도 변할 수 있다고 믿는 스토리

상황 설정

캐릭터 설정

문제 직면

해결책 발견

새로운 행동

새로운 인생

9.3 카피라이팅

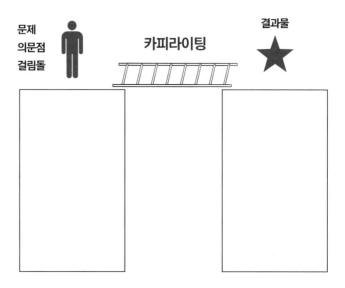

카피라이팅

> 잠재 고객의 관심을 단 한 번에 얻을 수 있는 하나의 문장

다시 생각해 보기

- 내 상품 또는 서비스가 사람들이 돈을 버는 데 도움을 주는 다섯 가지 방법은 무엇인가?

- 나 또는 내 상품 또는 서비스가 다음 주, 다음 달, 내년에 사람들이 돈을 아끼는 데 어떤 도움을 주는가?

- 사람들의 시간을 얼마나 절약시켜 주고 또 그 시간 동안 사람들은 대신 무엇을 할 수 있는가?

- 내 상품 또는 서비스가 있으면 사람들이 더는 하지 않아도 될 일은 무엇인가? (수고를 어떻게 덜어 주는가?)

- 내가 어떠한 신체적 고통을 없애 주고, 이것들이 사람들과 삶의 비즈니스에 어떤 의미인가?

- 내 상품 또는 서비스가 사람들의 정신적 고통이나 걱정을 어떻게 없애 주는가?

- 나 또는 내 상품이 사람들을 더욱 편하게 만들어 줄 세 가지 방법은 무엇인가?

- 내 상품 또는 서비스가 더욱 청결하고 위생적인 삶을 좀 더 쉽게 이루는 데 어떤 도움을 주는가?

- 내 상품 또는 서비스가 친구들의 부러움을 사거나 가족들에게 더욱 사랑받는 데 어떤 도움을 주는가?

- 내 상품을 구매하면 어떤 이유로 사람들이 더욱 인기를 얻거나 사회적 지휘가 높아졌다는 기분을 느끼는가?

적용하기

_____하는 법
_____만에 _____하는 법
_____하는 사람도 _____만에 _____하는 법
_____누구나 _____하는 법
_____하는 빠르고 쉬운 방법 5가지
_____하여 _____를 피하는 빠른 3가지 방법

____하는 사람도 ____하는 빠르고 쉬운 5가지 방법
____가 피해야 할 ____실수
경고: 이 글을 읽지 않고 ____할 생각은 버려라
____하는 완벽한 솔루션
____하는 나만의 ____방법

9.4 랜딩 페이지

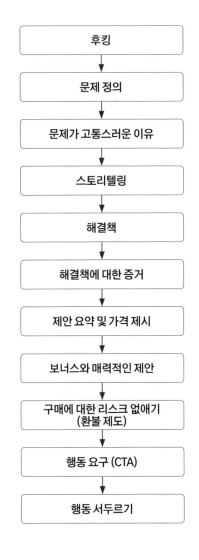

후킹 (고객의 눈길을 사로잡을 문장)
문제 정의 (고객이 겪고 있는 문제)
문제가 고통스러운 이유 (문제 심화를 통해 고통 인식)
스토리텔링 (고객이 두려움에서 벗어나 용기를 얻을 만한 스토리)
해결책 (문제가 해결될 수 있는 해결책)
해결책에 대한 증거 (해당 해결책이 작동한다는 증거)

제안 요약 및 가격 제시 **(제안할 제안과 그에 대한 가격)**
보너스와 매력적인 제안 **(지금 혹은 나에게 구매하면 얻을 이득)**
구매에 대한 리스크 없애기 **(환불제도)**
행동 요구 **(CTA)**
행동 촉구하기 **(마지막으로 행동 촉구하기)**

9.5 퍼널 시스템

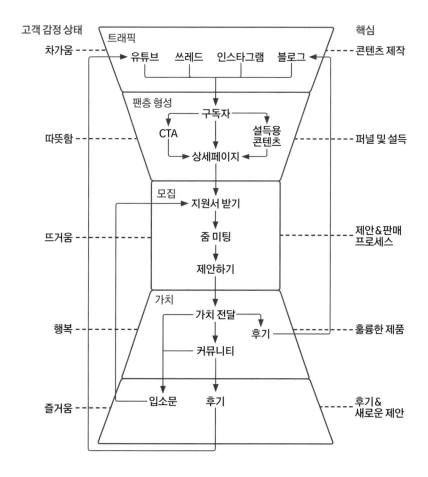

차가움 ☞ 따뜻함

1) 유튜브, 쓰레드, 블로그 컨텐츠 제작
2) 오픈채팅방 개설

따뜻함 ☞ 뜨거움

3) 무료 웨비나
4) 무료 웨비나
5) 무료 가치 전달

뜨거움 ☞ 행복

6) 메인 제품 구매
7) 제품에 대한 가치 인식

행복 ☞ 즐거움

8) 입소문

10.1 콘텐츠 부하율 점검하기

내가 유튜브를 시작할 수 없는, 시작하면 안 되는 이유

3가지 적기

1)

2)

3)

10.2 '꿈의 고객'이 구독하고 있는 유튜브 채널 10개 파악하기

꿈의 고객이 구독하고 있는, 내 제품/서비스의 카테고리와 같은

유튜브 채널 10개를 조사하고, '공통 키워드' 적기

ex 1) 김서한 / 사업

1)

2)

3)

4)

5)

6)

7)

8)

9)

10)

10.3 '자기소개' 영상 촬영하기

아래 내용을 담아, 스마트폰 카메라로 자기소개 영상(1~3분)을 촬영하기

1) 내 채널의 구독자들은 어떤 문제를 겪고 있는가?
〉
2) 나는 과거에 어떤 문제를 겪었고, 이 문제를 어떻게 해결했는가?
〉
3) 이 채널을 구독하면 사람들은 어떤 '실패'를 피할 수 있는가?
〉
4) 이 채널에서 구독자들에게 어떤 '계획'과 '행동'을 제시할 수 있는가?
〉

10.4 '브랜드 계정(채널)' 개설하기

안내 영상에 따라 브랜드 계정을 개설 후, 위에서 촬영한 영상을

업로드하기

11.1 주제 선정

레퍼런스 채널 10개의 가장 조회수가 높은 영상을 참고하여,
'뾰족한 관점'을 담은 주제 선정

11.2 섬네일/제목

레퍼런스 채널 10개의 인기 동영상 중, 섬네일과 제목의 구조를
변용하여, '궁금증'을 유도하는 섬네일/제목 제작

11.3 30초 원고 쓰기

레퍼런스 채널 10개의 인기 동영상을 참고하여, '공감'을 담은
30초 원고 작성

....

....

....

....

11.4 메인 원고 쓰기

'경험'과 '뾰족한 관점'을 담아, 5분~8분 분량의 원고 작성하기

....

....

....

....

11.5 촬영하기

'에너지'를 담아 촬영하기

....

....

....

....

11.6 편집하기

'컷편집'과 '자막' 작업하기

....

....

....

....

11.7 업로드

영상 업로드하기

최종 발표회

12.1 **최종 발표회**

최종 발표회
1) 남들 앞에서 자신의 비즈니스 모델에 대한 설득
2) 12주 동안의 성과 & 느낀점 발표

설득 자료

발표 방식

1) 각 수강생당 10~15분 (발표 10분, 질의응답 5분).
2) 발표자 수에 따라 시간 조정 가능.

준비 자료

1) PPT 자료 준비
   a) 신념
   b) 사명
   c) 트리플 시스템
   d) 장기적 비전
   e) 단기적 목표
   f) 현금 흐름 계획
   g) 12주 간의 성과
   h) 12주 간의 느낀점
   i) 동기에게 하고 싶은 말

조인트십 함께 하는 힘

초판 1쇄 발행 2025년 6월 16일

지은이 김서한

편집 공홍
마케팅 임동건 | **마케팅 지원** 김다혜
경영 지원 이지원

펴낸곳 파지트 | **펴낸이** 최익성
출판총괄 송준기
출판등록 제2021-000049호

주소 경기도 화성시 동탄원천로 354-28 | **전화** 070-7672-1001
이메일 pazit.book@gmail.com | **인스타** @pazit.book